W0109184

Dagmar Gaßdorf

Zickenlatein

Dagmar Gaßdorf

Zickenlatein

Den Erfolg herbeireden

Das Weiberbuch,
das Männer
heimlich kaufen

Frankfurter Allgemeine Buch
IM F.A.Z.-INSTITUT

Inhalt

| **Vorwort** | **Begrüßung** Hallo, Zicken! | **7** |

| **Kapitel 1** | **Die Falle** Wie Männer uns klein halten | **12** |

| **Kapitel 2** | **Freche Hunde** Der Ton in der Wirtschaft | **22** |

| **Kapitel 3** | **Pferdestärken** Die Insignien der Macht | **30** |

| **Kapitel 4** | **Lauter, bitte!** Die Schwäche aus der Biologie | **40** |

| **Kapitel 5** | **Höhere Einsichten** Die Prägung durch die Erziehung | **50** |

| **Kapitel 6** | **Entschuldigung!** Die Angst vor der Direktheit | **58** |

| **Kapitel 7** | **Frech und froh** Plädoyer für mehr Lässigkeit | **70** |

| **Kapitel 8** | **Die rote Karte** Nützliche Techniken I | **78** |

| **Kapitel 9** | **Kompliment!** Nützliche Techniken II | **88** |

| **Kapitel 10** | **Frauen unter sich** Willkommen im Club! | **98** |

| **Fazit** | **So what?** Duelle | **105** |

Das Buch ist meinem Mann gewidmet,
der ahnte, was ich damit anrichten würde.

Hallo, Zicken!

Sie zucken bei dieser Begrüßung zusammen? Dann legen Sie das Buch am besten gleich wieder weg und kaufen es weder für sich selbst noch für Ihre beste Freundin, und für Ihre schärfste Rivalin schon gar nicht.

Wenn Sie aber emanzipiert und fröhlich genug sind, damit zu leben, dass die Berufswelt einen neuen Begriff kreiert hat für Frauen, die sich nicht mehr die Butter vom Brot nehmen lassen, dann kaufen Sie sich gleich mehrere Bücher auf Vorrat. Man braucht ja immer mal ein Geschenk für eine andere Frau, die auch so denkt.

Sie haben das Buch geschenkt bekommen? – Herzlichen Glückwunsch! Sie haben offensichtlich eine Zicke zur Freundin. Denn auch das kennzeichnet die Zicke, die sich auf den Weg in eine männergeprägte Wirtschaft macht: Sie hat den Wert von Netzwerken im Allgemeinen und von Frauennetzwerken im Besonderen erkannt. Sie weiß, dass es auf die Frauen selbst und ihre Solidarität ankommt, wenn sie in der Wirtschaft Einfluss gewinnen wollen.

Das unterscheidet sie von all den Frauen, die dummerweise eine von Männern lancierte Behauptung übernommen haben: Die Chancengleichheit im Beruf sei längst erreicht, Quoten und Ähnliches seien da überflüssig. Die emanzipatorische Diskussion gilt als Zeitverschwendung, die allenfalls als folkloristische Reminiszenz an die besseren Tage der Frauenbewegung taugt.

Beleidigt? – Keinesfalls!

Die Zicke ist aber klug genug, den Männern
keinen Vorwurf zu machen. Sie reagiert nicht
beleidigt auf die Angriffe der Männer und schaut
nicht hochmütig auf ihre Geschlechtsgenossinnen, die deren Einstellungen übernehmen. Denn
sie weiß: Die Neigung, alles persönlich zu nehmen, ist eine der größten Schwächen der Frauen.

Die Zicke ist überzeugt: Frauen sind gut beraten,
die beleidigte Reaktion auf die Diskriminierung
ihres Geschlechts genauso zu überwinden wie die
Eifersucht auf andere Frauen, die vermeintlich
schöner, angeblich erfolgreicher oder einfach nur
jünger sind. Denn sie weiß, was passiert, wenn
Frauen einschnappen und eifersüchtig sind, wenn
sie es zulassen, dass die Emotionen mit ihnen
durchgehen: Der Verstand ist blockiert – ein sehr
hinderlicher Zustand, wenn es darum geht, ein
paar Dinge, die nicht in Ordnung sind, erstens
festzustellen und zweitens zu ändern.

Der Zicke ist auch bewusst, dass unsolidarisches
Verhalten von Frauen die Männer in ihrem Ge-
fühl der Überlegenheit bestätigt: Die Herren
können sich tierisch freuen, wenn „eifersüchtige
Weiber" aufeinander losgehen.

Bild-Zeitungsredakteure tragen das ganz ungeniert zur Schau. Martina Hingis ist eifersüchtig
auf den wippenden Busen von Venus Williams? –
Wie wunderbar! Das gibt eine schöne Schlag-
zeile: „Hingis: Hat sie Busen-Neid?"

Nicht dass die Klatschreporterin durch weibliche Solidarität hervorstäche: Top-Model Jerry Hall hat Cellulite? – Wie wohltuend! Ein großes Bild zeigt alle Dellen und wird verkauft als „das für viele Frauen beruhigendste Foto des Jahres". Wie müssen Frauen sich definieren, die das tatsächlich so empfinden?

Armes Deutschland!
Es ist wohl an der Zeit, dass wir aufhören, die Geringschätzung der Frauen für Funktionen jenseits von Schönheit, Sex, Kochen und Kinderkriegen und mithin ihren geringen Erfolg in der Wirtschaft den Männern anzulasten oder überhaupt bei irgendwem irgendeine Schuld zu suchen.

Vergessen wir also den in emanzipatorischen Schriften üblichen Vorwurf der Diskriminierung, um schlicht festzustellen, dass Deutschland im internationalen Vergleich, besonders mit den USA, immer noch eine traurige Figur abgibt, wenn es um den Anteil von Frauen in einflussreichen Positionen der Wirtschaft geht.

Ingrid Matthäus-Maier, die frühere Finanzexpertin der SPD-Bundestagsfraktion (die Entscheider meinten seinerzeit, sie sollten ihr Oskar Lafontaine als Finanzminister vorziehen), bekannte nach ihrem Wechsel von der Politik in den Vorstand der Kreditanstalt für Wiederaufbau in einem Gespräch mit dem *manager magazin*: „Das war, als werde man 30 Jahre zurückversetzt. ... Bis heute sitzt in keinem der 30 Dax-Unternehmen eine Frau in einem Vorstand."

Mädchen sind besser

Zur Abrundung des Bildes wollen wir außerdem festhalten, was jeder aufgeklärte Pädagoge weiß: dass nämlich Mädchen bereits in der Schule bessere Durchschnittsnoten haben als Jungen und seltener sitzen bleiben. Jungen landen auch häufiger als Mädchen in Förderschulen und Schulen für Verhaltensgestörte. Und in vielen Fächern stellen Hochschulabsolventinnen ihre männlichen Kollegen quantitativ wie qualitativ in den Schatten.

Missverhältnis

Obwohl also Frauen begabt und gut ausgebildet sind und die inzwischen auch im Management als wichtig erkannten sozialen Kompetenzen sozusagen gratis mitbringen, ist ihr Anteil an den Top-Positionen in Wirtschaft und Gesellschaft unseres Landes nach wie vor gering. Die genauen Zahlen schwanken wie der Begriff „Führungsposition" selbst; doch in der Tendenz sagen sie alle das Gleiche.

„Seit Jahren stagniert der Anteil von Managerinnen in Führungspositionen zwischen fünf und zehn Prozent", resümierte die *FAZ* im Dezember 1998, während die *Welt am Sonntag* zur gleichen Zeit unter Hinweis auf das Personenlexikon des Hoppenstedt-Verlags ganze 4,6 Prozent weibliche Inhaber von 52.000 „Elite-Positionen in deutschen Firmen" ausmachte und aus dem Buch „Wem gehört die Republik" von Rüdiger Liedke noch eine andere Zahl zitierte: Von den Vorständen und Aufsichtsräten der hundert größten deutschen Konzerne seien 5,5 Prozent Frauen.

Nieten in Kostümen?
Der Anteil der Frauen an Top-Führungspositio-
nen in Deutschland dürfte seitdem kaum nen-
nenswert größer geworden sein. Dabei wäre es
spannend zu sehen, ob es weniger „Nieten in
Nadelstreifen" gäbe, wenn sich unter dem Tuch
häufiger mal ein Busen wölbte.

Schon die Schwankungsbreite bei den Zahlen
zeigt: Es ist den Männern, die sich in ihren
Machtpositionen eingerichtet haben, nicht unbedingt daran gelegen, das frauentypische Miss-
verhältnis von hoher Qualifikation und niedriger
Position transparent zu machen.

Warum sollten sie auch? Es ist ja nicht *ihr* Problem. Diejenigen aber, deren Problem es ist, küm-
mern sich nicht wirksam darum, weil es dazu
einer Eigenschaft bedürfte, die viele Frauen noch
lernen müssen: weibliche Solidarität.

So aber bleiben wir noch lange fern von der
Beantwortung einer sehr interessanten Frage:
Ob unsere Wirtschaft, geführt von Frauen, wohl
effizienter wäre? Ob unser Staat, geführt von
Frauen, womöglich ein besserer wäre?

Vielleicht trägt dieses Buch dazu bei, dass wir der
Antwort ein kleines Stück näher kommen, indem
es Frauen zeigt, wie sie in einem für den Berufserfolg sehr entscheidenden Punkt Fortschritte
machen können: in der Art, wie sie sprechen.

Kapitel 1

Die Falle

Wie Männer uns klein halten

Die Vorrede war nötig, um das Thema des Buches in den erforderlichen Zusammenhang zu stellen. Die Art, wie Frauen kommunizieren, weil sie es nicht anders gelernt haben und es anders auch selbst für unpassend und unweiblich halten würden – das ist ja alles andere als nur ein verschrobenes Thema vereinzelter Linguisten, sondern einer der zentralen Gründe, die Frauen daran hindern, mehr Einfluss in der Wirtschaft zu erlangen.

Die Konzentration auf das Thema Sprache will also nicht sagen, dass andere Faktoren für den Erfolg oder Misserfolg von Frauen im Beruf unbedeutend wären. Ob zum Beispiel ein Minirock im Vorstellungsgespräch für andere Positionen qualifiziert als solche im Bett, kann durchaus ernsthaft diskutiert werden.

Jenseits der Mode
Doch um das äußere Styling der so genannten Karrierefrau machen sich die vereinigten Hochglanzmagazine schon so hinreichend verdient, dass es hier nicht zum hundertsten Male aufgebrüht werden muss.

Hier soll es um die Sprache gehen, darum, wie man sich den Erfolg buchstäblich herbeiredet. Das schließt manchen Exkurs zu anderen Voraussetzungen eines erfolgreichen Auftritts nicht aus. Besonders das Verhalten von Frauen untereinander wird immer wieder eine Rolle spielen.

Gewinnen mit Sprache

Die Kommunikation – so viel steht fest – hat eine herausragende Bedeutung für eine erfolgreiche Karriere. Denn nichts, aber auch gar nichts, läuft im Management ohne die Sprache – eine Sprache, die Menschen gewinnt. Menschen aber – das wollen wir nicht vergessen – kommen auch in Deutschland im Wesentlichen in zwei Sortierungen vor: Männer und Frauen.

Neben allem, wodurch sich die Geschlechter offensichtlich unterscheiden (zum Glück, denn die Welt wäre sonst gar zu langweilig!), differieren sie auch in der Art, wie sie kommunizieren: wie sie reden, aber auch, wie sie zuhören (oder auch nicht zuhören) und wie sie auf positive oder negative Äußerungen anderer reagieren.

Das Stigma

Als ich anfing, über das Thema „Sprache und Aufstieg" nachzudenken, habe ich nicht nur alles auch nur halbwegs Erhellende dazu gelesen, sondern auch mit vielen Menschen darüber gesprochen. Mit Freunden darüber, ob ich mir einen Gefallen tue, meine Gedanken zu Papier zu bringen, weil dann eines mit Sicherheit passieren würde: Man würde mich in die Schublade „Emanze" einsortieren.

Doch die Angst vor diesem Etikett war nichts weiter als das Hineintapsen in eine der elegantesten Fallen der Männerwelt: Frauen, die die über Jahrhunderte von Männern und in deren Sinne etablierten Machtstrukturen dieser Welt in Frage stellen, mit einem Stigma zu belegen: „Emanze".

Etikettenschwindel

Hut ab, meine Herren! Das Stigma ist geschickt
gewählt, denn es unterstellt: Eine Emanze ist
eine, die so sein will wie die Männer. Sie ist deshalb „unweiblich" und wahrscheinlich hässlich,
im schlimmsten Fall ein „Flintenweib".

Da kaum eine Frau so sein möchte, war die
Distanzierung von dem Begriff „Emanze" unter
den Frauen selbst und damit das Erlahmen der
emanzipatorischen Bewegung sozusagen vorpro-
grammiert.

Was nicht sein kann

Es fällt immer wieder auf, dass gerade junge,
pragmatische, gut ausgebildete Frauen keinen
Unterschied in der Sprache von Männern und
Frauen erkennen wollen und einen Einfluss der
Sprache auf den Berufserfolg schon gar nicht.

Recht typisch ist das Gespräch, das ich mit einer
27-jährigen Frau mit Einser-Diplom geführt
habe. Ich berichtete ihr von einem Gesprächs-
kreis unter Zonta-Damen zum Thema „Kommu-
nikationsstrukturen der Frauen". Fast alle, so
mein Kurzbericht, seien sich einig gewesen, die
Sprache von Männern sei direkter, die von
Frauen eher indirekt. Darauf meine Gesprächs-
partnerin mit ironischem Unterton: „Ja prima!
Während die Frauen sich mit ihrer indirekten
Sprache beschäftigen, machen die Männer schon
mal *direkt* Karriere!"

Unbewusstes

Dass es einen Unterschied im Sprachverhalten von Männern und Frauen gibt, spüren fast alle Frauen intuitiv. Bittet man sie, diesen Unterschied in Worte zu fassen, kommt meist so etwas dabei heraus wie: Männer sprechen zielorientierter als Frauen, mehr auf den Punkt. Doch das Empfinden zu begründen, es gar mit Beispielen zu belegen – das gelingt kaum jemandem.

Das unterschiedliche Verhalten läuft also eher unbewusst ab – als Ergebnis unserer biologischen Anlagen, aber auch als Ergebnis unserer Erziehung als Jungen oder Mädchen. Auf die Ebene des Bewusstseins gehoben wurde es erst in jüngster Zeit, unter anderem durch die Veröffentlichungen der Sprachwissenschaftlerin Deborah Tannen in den USA.

Erkenntnisse

Die für das Thema „Sprache und Beruf" wesentlichen Erkenntnisse, in denen die Forscher und Wissenschaftlerinnen übereinstimmen, lassen sich etwa so zusammenfassen:

1. Frauen suchen bei ihren Gesprächen typischerweise ein angenehmes Gesprächsklima zu erzeugen. Der typische Mann hat damit wenig zu tun; für ihn zählt das gewünschte Gesprächsergebnis.

2. Männer wollen aus Streitgesprächen als Sieger hervorgehen (Durchbringen der Hypothese), während Frauen daran liegt, dass alle Beteiligten das Gesicht wahren (Synthese).

3. Männer erteilen ihre Anweisungen lieber direkt, während Frauen ihr Umfeld gern animieren, das Gewünschte von sich aus zu tun.

4. Frauen neigen dazu, Kritik an ihren Vorschlägen persönlich zu nehmen, während Männer die Auseinandersetzung als Wettkampf erleben und Kritik als Bewährungsprobe für ihre Idee.

5. Frauen können glücklich darüber sein, über ein Problem gesprochen zu haben, auch wenn es nicht gelöst worden ist. Der typische Mann hält solche Gespräche für Zeitverschwendung.

Kein Nachdenken!
Vielen Menschen, Männern wie Frauen, sind diese Unterschiede nicht bewusst, denn außer in Ausnahmesituationen – wie bei der Vorbereitung oder Nachbetrachtung von Reden, Interviews, Präsentationen oder Bewerbungsgesprächen – denkt kaum jemand über den Zusammenhang von Sprache und Wirkung nach.

Wir könnten aber nicht über bestimmte Witze lachen, wenn wir die Zusammenhänge nicht zumindest spürten. Aus der Zeit, in der nicht wenige Männer zu so genannten Softies mutierten, schulterlange Haare trugen und vorzugsweise „SoWi" studierten, stammt der Scherz über die Begegnung zweier Sozialarbeiter in Köln. Fragt der eine den anderen: „Kannst du mir mal sagen, wo es hier zum Dom geht?" – Darauf der andere: „Du, das weiß ich auch nicht, du. Aber ich finds gut, dass wir drüber gesprochen haben."

Worüber wir hier lachen, ist ironische Überzeichnung einer als „weibisch" erkannten Art der Gesprächsführung.

Dummheiten

Oft sind es winzige Sprachäußerungen, die eine große und manchmal negative Wirkung entfalten. Denken Sie nur an das unheilvolle „Ich komme darauf später noch zurück" des ungeschickten Redners, das vom Publikum stets als Drohformel verstanden wird! Er ahnt ja nicht, der unschuldsvolle Engel, dass dies die klassische Sollbruchstelle jeder Rede und der Auslöser für Fluchtwünsche ist.

Ein Beispiel aus einem der Bücher von Deborah Tannen zeigt, wie eine einzige, vermeintlich unbedeutende Formulierung sogar den Status im Beruf beeinflussen kann. Auf das Wesentliche verkürzt geht die Geschichte etwa so:

Zwei Führungskräfte, ein Mann und eine Frau, sitzen nach einem Kongress im Flugzeug; er hat einen Vortrag gehalten, sie auch. Sie hat gelernt, dass es wichtig ist, für ein gutes Klima zu sorgen und sagt: „Einen interessanten Vortrag haben Sie gehalten." Darauf er: „Danke."

Nach dem weiblichen Verständnis einer angemessenen Gesprächsführung hätte jetzt von der Gegenseite so etwas kommen müssen wie „Sie waren aber auch nicht schlecht!"; es kommt aber nicht. Da sieht die Frau nur noch einen Weg aus der unbehaglichen Situation; sie fragt: „Und wie fanden Sie meinen?"

Dieser eine Satz reicht, um die Frau sofort und ohne Umwege in den Status der Rangniedrigeren zu befördern. Und angerichtet hat sie es ganz allein – durch ihr gelerntes Sprachverhalten, über das sie erst jetzt, für das Verhältnis zu diesem Kollegen jedoch zu spät, nachzudenken beginnt.

Hinsehen, hinhören!
Wer selbst einmal solche Erfahrungen gemacht hat, ist zwangsläufig enttäuscht, wenn tüchtige junge Frauen es ablehnen, ein Bewusstsein für die Unterschiede in den Kommunikationsstilen von Männern und Frauen zu entwickeln. Hindernisse beseitigen kann man nämlich nur, wenn man sie erkennt. Und das gilt auch für die Karriere.

Kommen Sie also mit auf eine Sensibilisierungsreise in Sachen Sprachverhalten und erlauben Sie sich dabei, gelegentlich zu lachen – über Frauen wie Männer.

Der Einwand
Doch zuvor ist noch ein grundsätzlicher Einwand auszuräumen. Dieser Einwand lautet, die Grenzen zwischen den Geschlechtern seien doch in den letzten Jahren unschärfer geworden.

Für Äußerlichkeiten mag das gelten. Frauen tragen Anzüge, die jeden Mann schmücken würden, außer dass sie andersherum geknöpft sind, einen Busenabnäher haben und die nützlichen Innentaschen für all jene Dinge vermissen lassen, für die sich kein Mann mit einer buchstäblich dämlichen Handtasche belasten muss.

Die Handtasche ist übrigens auch so eine Sache, die uns Frauen blockiert, weil sie uns in Gesellschaft unfrei macht, unfreier jedenfalls als die Männer: Denn wer schafft es schon, beim Stehempfang trotz Sektglas und Handtasche noch eine Hand für große Gesten frei zu haben! Es ist ja kein Zufall, dass so viele Schwulenwitze von Handtaschen handeln. Oder kennen Sie nicht den von dem Schwulen in der katholischen Kirche, der den Messdiener sein Weihrauchfass schwenken sieht und ihm zuruft: „Huch, Fräulein, Ihr Täschchen brennt!"

Unisex

Frauen benutzen zum Teil sogar dieselben Parfüms wie Männer. Das Marketing hat ein Wort dafür geprägt: „Unisex-Düfte". Und tatsächlich machen es einem die knabenhaften Gestalten in der Werbung für solche Düfte nicht leicht, Männlein und Weiblein auseinander zu halten.

Selbst das Unterscheidungskriterium des chinesischen Mandarin aus Herbert Rosendorfers Roman „Reise in die chinesische Vergangenheit" taugt nicht mehr viel: Wie der nach seiner langen Zeitreise in „Minchen, Bayan" ankommt, kann er Männer von Frauen wenigstens bei Regen unterscheiden: Die Männer haben nämlich schwarze Schirme.

Der Roman ist schon einige Jahre alt. Käme der Mandarin heute nach Deutschland, könnte er noch nicht einmal mehr darauf zählen, dass die großen schwarzen „Rauchopfer" immer von Männern dargebracht werden. Denn schon sind die Frauen dabei, die Havanna-Bars zu erobern. Und nennen Sie, verehrte Zickenfreundin, etwa noch keinen Humidor ihr eigen?

Die Tage
Geben wir es zu: Es hat sich ein vermännlichter Frauentyp ebenso herausgebildet wie ein verweiblichter Männertyp. Vor Jahren schon brachte der *Spiegel* eine Geschichte über Frauen in Männerberufen, in der ein Arbeiter auf einer Baustelle einer resoluten Architektin oder Ingenieurin grundlos unfreundlich begegnete und die ihn anblaffte: „Was ist los? Sie haben wohl Ihre Tage oder was!"

Auch bekannte Beispiele für wenig geschlechtskonforme Kommunikationsstile sind schnell zur Hand: Alfred Bioleks Talkrunden-Gesprächsführung mit ihrem Zuhörenkönnen und ihrer Bemühtheit um ein angenehmes Klima und Gesichtswahrung des Gesprächspartners ist eher weiblich geprägt; Regine Hildebrandts raue Diktion dagegen wirkt auf viele eher männlich.

Doch das sind Ausnahmen von der Regel. Mit den Begriffen „männliche Sprache" und „weibliche Sprache" verbindet die Mehrheit von uns etwas anderes. Daran ändert auch die Angleichung des äußeren Erscheinungsbildes der Geschlechter nicht viel: Eine Frau mag im Nadelstreifenanzug stecken und eine Krawatte dazu tragen; *reden* wird deshalb noch lange nicht wie ein Mann.

Kapitel 2

Freche Hunde

Der Ton in der Wirtschaft

Wer sich in einer fremden Welt zurecht-
finden und gar in ihr Geschäfte machen
will, muss deren Sprache und deren Regeln lernen. Die Welt der Wirtschaft ist für Frauen eine
solche fremde Welt, denn sie ist eine Männerwelt – in unseren Breiten seit Jahrtausenden.

An der Front

Die Sprache dieser Männerwelt ist stärker und
lauter als die der Frauen. Sie ist durchsetzt mit
Vokabeln aus dem Militär und dem Kampfsport.
Von Männern geführte Firmen sind stets „gut
aufgestellt". Von Männern geführte Vertriebe
bewegen sich permanent „an der Verkaufsfront".
Männer landen „Volltreffer", liefern dem Gegner „Steilvorlagen" und lassen bei Motivations-
veranstaltungen für ihre Außendienstler gern
We are the champions intonieren. Am „Tag der
Weiterbildung" im Universitätsseminar der
Wirtschaft in Schloss Gracht geht es gar ganz
unverblümt um Krieg: „Erfolgsfaktor Personal
im *War for Talents*" heißt es in der Einladung.

Nicht, dass Begriffe aus der Welt der Frauen im
Männervokabular der Stärke *keinen* Platz hätten!
Wenn die Herren eine Firma verkaufen wollen,
dann machen sie „die Braut schön". Greift der
Käufer nicht zu, dann „ziert er sich wie eine
Jungfrau", wenn er nicht gar „die Hosen voll"
hat. Doch diese Begriffe aus der Welt jenseits
von Kampf und Sport sind geprägt durch ein
eher chauvinistisches Frauen- und Menschenbild.

Das Auge des Herrn

Fast jedes erfolgreiche Großunternehmen in
Deutschland hat charismatische männliche
Führungspersönlichkeiten, die in der gesamten
oberen Leitungsebene für bestimmte „Sprüche"
bekannt sind und das Team geradezu in Ver-
zückung geraten lassen, wenn sie eine dieser
Sentenzen bei geeigneter Gelegenheit zum Besten
geben. Denn untergebene Männer bewundern
„freche Hunde".

Aus meinem eigenen Berufsleben erinnere ich
mich vor allem an diese beiden Sentenzen: „Das
Auge des Herrn macht den Ochsen fett" und
„Höflich bis zur Galgensprosse; gehängt wird
trotzdem". Es ist kaum vorstellbar, dass in einer
von Frauen geprägten Wirtschaft solche Losungen Karriere machen könnten.

Freche Hunde

Wieso bewundern Männer „freche Hunde"? –
Ganz einfach: Sie kennen es nicht anders, denn
sie tun es seit ihrer Kindheit. Während Mädchen
sich unter ihresgleichen unbeliebt machen, wenn
sie permanent das große Wort führen, gruppieren
Jungen sich gern um einen lautstarken, dominan-
ten Anführer.

Die Politik ist ein gutes Studienbeispiel. Nicht
dass die Dinge dort grundsätzlich anders liefen
als in der Wirtschaft; aber dort ist das, was
anderswo hinter verschlossenen Türen geschieht,
öffentlich zugänglich.

Den frechen Hund gibt es in fast jedem Parlament, und stets findet er Bewunderer. Als einer der berühmtesten frechen Hunde in der Geschichte des Deutschen Bundestages darf „Schmidt Schnauze" gelten. Diese Bezeichnung war keinesfalls ein Schimpfwort, sondern eher ein Kompliment! Jahrzehnte sind seit „Schmidt Schnauze" vergangen; doch bis heute bringt es eine Frau mit vergleichbarer „Schnauze" äußerstenfalls zum „frechen Weib" oder „frechen Luder"; Komplimente sind das kaum.

Allerlei Luder
Männer haben viele Bezeichnungen erfunden, mit denen sie Frauen belegen, die ihnen „ins Gehege" kommen. Der solidarischen Zustimmung eines großen Teils ihres Geschlechts können sie sich dabei sicher sein. Eine kleine Kollektion von Preziosen mag das verdeutlichen.

Das „freche Weib" hat zwar „Haare auf den Zähnen", gehört aber anders als die „Hexe", gern auch „Gewitterhexe", immerhin der menschlichen Spezies an. Nur mit dem Zusatz „geile Hexe" wird aus dieser eigentlich auf den Blocksberg gehörenden Person ein Gegenstand männlichen Respekts (der dann aber nichts mehr mit der Kommunikation zu tun hat).

Eine besonders beliebte Vokabel ist das „Luder".
Es kommt in vielen Variationen vom „armen
Luder" bis zum „dummen Luder" vor; für Männer am gefährlichsten ist jedoch das „Luder"
ohne jeden Zusatz – die Kurzchiffre für eine mit
sekundären Geschlechtsmerkmalen vom lieben
Gott oder vom Chirurgen besonders großzügig
ausgestattete Frau.

Einem sehr einfühlsamen und sprachhistorisch
kenntnisreichen Beitrag von Theo Stemmler in
der *FAZ* verdanken wir den Hinweis auf die
Herkunft des „Luders": Es bedeutet, so führt er
aus, „seit dem Mittelalter bis heute entweder die
Lockspeise für Falken bei der Beizjagd oder allgemein den Köder, den man für Raubtiere auslegt".

Der Finanzminister
Anlass zu dem erhellenden Beitrag zur Sprach-
geschichte des „Luders" war ein Bekenntnis von
Hans Eichel gegenüber der *Bild*-Zeitung gewesen, sein erster Blick gelte morgens dem „Luder
auf Seite eins".

Wer also noch gehofft hatte, wenigstens Finanzminister und andere als überdurchschnittlich
korrekt beleumundete Herren seien anders als
andere Männer, der sieht sich wieder einmal
getäuscht.

Vielleicht sind Sie sogar der Ansicht, die Autorin dieses Buches habe einen solchen „Ton am Leib", dass sie garantiert ein Scheusal ist. Und dennoch muss es ja einen Grund dafür geben, dass Sie die Lektüre dieses Buches immer noch nicht eingestellt haben.

Vielleicht wollen Sie, wenn Sie eine Frau sind, tatsächlich ganz nach oben und verschlingen alles, was Ihnen auf diesem Weg helfen könnte, selbst Bücher über Sprache. Glückwunsch! Sie haben eindeutig das Zeug zur Zicke!

Exkurs
Wenn dem so ist, lenken Sie Ihre Aufmerksamkeit vielleicht kurz auf einige andere Voraussetzungen für Ihren Erfolg in der Wirtschaft! Dazu ein kleiner Exkurs im nächsten Kapitel, das alle, denen es ausschließlich um die Sprache geht, natürlich überspringen können.

Kapitel 3

Pferdestärken

Die Insignien der Macht

Sie sind ausschließlich am Thema „Sprache und Aufstieg" interessiert? Dann überschlagen Sie dieses Kapitel! Wenn Sie sich aber dafür interessieren, was nach Meinung der Autorin neben der Sprache zu beachten wäre, wenn es Ihnen wirklich ernst ist mit der Karriere, dann bleiben Sie am Ball! Letzteres war übrigens eines der raren Stücke Männersprache, die inzwischen von Frauen übernommen wurden.

Summa cum laude
Rat Nummer 1: Büffeln Sie für einen akademischen Grad, den Sie auf der Visitenkarte führen können.

Am besten eignet sich ein Doktortitel. Denn dann haben es alle, die Sie noch nicht kennen, sozusagen amtlich, dass Sie – obwohl vielleicht zufällig ganz hübsch und zufällig oder absichtlich gar blond – als Gegenstand einschlägiger Scherze nicht taugen. Viele Doktorarbeiten sind zwar von ihrem wissenschaftlichen Erkenntnisgrad her das Papier nicht wert, auf dem sie gedruckt sind; aber die Urkunde ist gerade für Frauen ein Wertpapier.

Aber übertreiben Sie es nicht: Professorinnen werden nicht nur von Männern misstrauisch beäugt; sicher zu Unrecht, aber nur zu gern wird ihnen Praxisferne unterstellt. Wer zu akademisch daherkommt, taugt nach dieser Auffassung nicht für das „operative Geschäft" und wird gerade noch in „Stabsstellen" geduldet.

Ist Ihnen übrigens mal aufgefallen, wie viele Frauen in solchen „Stabsstellen" geparkt werden? Da behindern sie niemanden – bis zu ihrem Abtransport in den Ruhestand, denn von einer „Stabsstelle" führt in der Regel kein Weg in die „Linie".

Die beliebteste Parkposition für Frauen in Unternehmen ist übrigens PR, Öffentlichkeitsarbeit, Pressesprecherin oder ähnlich. Wenn darin immerhin die Erkenntnis der Männer zum Ausdruck kommen sollte, dass Frauen besser kommunizieren können als sie, gäbe das ja zu Hoffnungen Anlass; dann müssten die Herren nur noch die überragende Rolle der Kommunikation für den Geschäftserfolg erkennen, um die genannten Funktionen korrekt in der Firmenhierarchie einzuordnen. Bisher läuft das dann allerdings meist so, dass der mächtigste Mann in der Geschäftsführung die rare Erkenntnis hat und sich die Kommunikationsfunktion selbst zuordnet. Die Frau, die davon mehr versteht, darf ihm dann gern zuarbeiten.

Ein Stern mehr

Rat Nummer 2: Vergessen Sie niemals, dass Sie in eine Welt der Männer eintreten, und die halten viel von Rangabzeichen. Hinter Verdienstkreuzen und ähnlichem Metall sind sie – wenn sie nicht gerade zu den Hanseaten alter Schule gehören – her wie die Teufel; sie kennen die feinsten Unterschiede zwischen den diversen Bändern, mit denen diese Dinger daherkommen. Kennen Sie eine Frau, der ein Orden lieber wäre als ein Brilli von dem Mann, den sie liebt?

Wie schön!

Pfui, dreimal pfui sogar; aber dies ist Rat Nummer 3: Sehen Sie gut aus! Nicht nur, um den Männern zu gefallen, die Sie nun einmal mehrheitlich umgeben, sondern weil sich ein schönes, sympathisches Äußeres einfach besser verkauft. Sie müssen sich ja nicht unbedingt mit Dauerwelle und Faltenrock als Matrone outen. Männer mit Bäuchen und braunen Schuhen zu grauen Anzügen machen schließlich auch nicht so leicht Karriere wie smarte Jungs.

Noch wichtiger als die richtigen Klamotten auf einer halbwegs passablen Figur ist jedoch ein Lächeln. Wenn Sie so gut sind, wie Sie sein können mit Ihrer besseren Ausbildung und Ihrer höheren weiblichen Sprachkompetenz, machen Sie sonst, wenn Sie zu allem Überfluss auch noch gut aussehen, den Herren Angst.

Schlachtfelder

Ein Wort zum Privatleben. Ihr Partner ist viel älter als Sie und hat seine Berufserfolge schon hinter sich? Prima. – Sie haben sich in einen Studenten verliebt? Warum nicht. – Ihr Mann ist Sänger, Maler, Oboist, Apotheker, Arzt, Masseur? Wems gefällt! – Schwierig wirds, wo „er" mindestens genauso auf eine Karriere in der Wirtschaft aus ist wie Sie. Zwei Cracks in einem Haushalt – wie lange kann das gut gehen?

Verzichten Sie nicht unbedingt auf Kinder; sie können eine große Freude sein; aber *wenn* Sie sich für Nachwuchs entscheiden, sorgen Sie auch dafür, dass es eine Freude *werden* kann: Organisieren Sie unbedingt und selbst um den Preis des vorübergehenden „Geldwechselns" (fast das ganze Gehalt für eine Kinderfrau) eine zuverlässige Betreuung. Denn auch darin ist Deutschland leider Schlusslicht: bei einer angemessenen, öffentlich organisierten Kinderbetreuung.

Wenn Sie noch etwas besonders Gutes tun wollen, engagieren Sie sich dafür, dass endlich die Arbeitsplätze, die in Haushalten geschaffen werden, nicht mehr aus dem bereits versteuerten Einkommen derer bezahlt werden müssen, die sie schaffen! Das wäre ein grandioser Akt weiblicher Solidarität.

Schwestern im Herrn
Womit ich wieder bei Ihnen wäre, verehrte Zickenfreundin. Denn neben Ihren Karriere-Ambitionen ist als Grund für die Lektüre dieses Buches ein latent schlechtes Gewissen zu vermuten.

Geben Sie es zu: Was haben wir nicht schon alles von Männern über Frauen gehört und mitgelacht! An die „Prinz-Eisenherz-Frisur" der Ingrid Mätthäus-Maier mögen Sie sich vielleicht nicht mehr erinnern. Aber mindestens Angela Merkels „Kochtopf-Schnitt" haben wir doch ebenso ausführlich durchdiskutiert wie Bärbel Höhns „fettige Haare".

Wären nur die Frisuren das Thema, könnte man sagen: Schwamm drüber; das zeigt nur, dass wir Frauen interessanter sind als Männer. Es geht aber um mehr: Frisuren und andere Äußerlichkeiten sind bei Frauen geeignet, eine überproportionale Bedeutung in der Beurteilung der Gesamtperson zu erlangen – durch Männer wie durch ihnen nicht widersprechende Frauen.

Zweierlei Maß

Es ist nicht bekannt, dass Hans-Dietrich Genschers oder Gerhard Schröders nach aller statistischen Erfahrung vermutlich gefärbten Haare, Friedrich Merzens Mickymaus-Frisur oder die fettigen Resthaare oder Glatzen ganzer Parlamentsfraktionen jemals eine auch nur annähernd vergleichbare Bedeutung gefunden hätten wie Angela Merkels unschuldiger Pony.

Es ist in Deutschland auch allen Ernstes möglich, dass eine gestandene Frau, die Großmutter sein könnte (oder es schon ist), als „Miss Bundestag" oder „Miss Tagesschau" apostrophiert wird – und das nur deshalb, weil der liebe Gott ihr neben Blondheit noch ein paar andere Eigenschaften verliehen hat, von denen er hätte wissen können, wie Männer darauf reagieren.

Ein unverbildeter, von keinem Zicken-Umgang deformierter Mann wird übrigens in seiner natürlichen Frömmigkeit ein Etikett wie „Miss Bundestag" immer für eine an Charme kaum zu übertreffende Bezeichnung halten. Das impertinente Du, das die „Miss" enthält, wittern nur Frauen: „Mädchen, wie bist du schön!"

Nur wenn es mal ein Mann verbal auf die Spitze treibt, und dann auch noch auf Deutsch, wie Helmut Kohl mit seinem „Mädchen" Angela Merkel, dann finden sich andere Männer, die sich von so etwas distanzieren. Unvergessen, wie Kurt Biedenkopf durch seinen Protest gegen die Bezeichnung zugleich die Chance nutzte, sich seinem eigenen fortgeschrittenen Alter zum Trotz gegenüber dem „Alten" als jung geblieben zu profilieren.

Zunder für Zicken

Es gibt Frauen, darunter viele junge, die die geschilderten Zusammenhänge leugnen, und andere, darunter viele ältere, die sich darüber empören. Das eine ändert an den Zuständen nichts, das andere wenig.

Am besten dran ist die Zicke neuerer Art: Sie registriert, welches Spiel da gespielt wird, und legt sich ihre eigene Strategie zurecht, falls sie in Gefahr gerät.

Wenn sie aber eine Zicke von ganz hohen Gnaden ist, reagiert sie sofort, auch wenn sie gar nicht selbst betroffen ist, sondern andere Frauen. Denn Zicken dieses Kalibers haben erkannt, dass eine ihrer Stärken im gemeinsamen Meckern liegt. Mehr darüber im Kapitel 10, das ganz dem Thema „weibliche Solidarität" gewidmet ist.

Die Eroberung

Der Begriff „Zicke" selbst ist ein Beispiel dafür, was Solidarität unter Frauen bewirken kann. Seitdem nämlich die Frauen angefangen haben, sich als „Zicken" zu sehen und zu bekennen und es sogar möglich ist, dass die eine Zicke die andere sympathisch findet, steht das Wort als Wunder einer semantischen Verwandlung da: Aus der „Zicke" der Männersprache, die stets eine „blöde Zicke" oder eine „Zimtzicke" gewesen ist, ist ein Begriff für eine selbstbewusste Frau geworden, die auch im Beruf sagt, was sie will und es dann meist auch bekommt.

Kaum zu glauben: Schon benutzen auch Männer den Begriff. Als ich vor einiger Zeit in einer Hotellobby saß, wurde ich unfreiwillig Zeuge eines Gespräches zwischen einer Bewerberin und einem Headhunter. Ich höre den Mann noch sagen: „Die Firmen bevorzugen inzwischen sogar Zicken."

Wir stehen staunend vor einem kleinen Wunder: Hier haben Frauen Männerterrain okkupiert – wenn auch vorerst nur in der Sprache.

Kapitel 4

Lauter, bitte!

Die Schwäche aus der Biologie

Zu den Unterschieden zwischen Männersprache und Frauensprache gehören einige für den Berufserfolg vermeintlich unbedeutende, die in der Biologie gründen. „Sein Wort hat Gewicht", heißt es gelegentlich von einem Mann; „ihr" Wort hat seltener Gewicht. Das hat nicht nur mit der größeren Macht zu tun, die männliche Stimmenbesitzer mit höherer Wahrscheinlichkeit haben, sondern auch – ganz simpel – mit deren Stimmlage.

Im Call-Center

Die Mitarbeiter von Call-Centern telefonieren den lieben langen Tag mit ihnen: wildfremden Menschen. Und obwohl es in Deutschland üblich ist, sich am Telefon wie zum Appell mit dem Nachnamen zu melden („Müller hier, guten Tag!"), vertun sich die so genannten Call-Center Agents kaum jemals bei der Einschätzung des Geschlechts von Müller, Meier, Schulze.

Das liegt natürlich vor allem daran, dass Frauenstimmen in der Regel höher sind als Männerstimmen und meistens auch leiser. Es hat aber auch mit dem Sprachverhalten zu tun.

Frau Müller, wenn sie denn ein typisch weibli-
ches Telefonverhalten an den Tag legte, würde
eher eine Eröffnung wie „Guten Tag, mein Name
ist Müller, ich hätte da mal eine Frage..." wählen,
während Herr Müller, sofern er sich am Telefon
eher männlich verhält, kein Problem hat mit
dem butten „Müller hier, guten Tag! Sie haben
mir da eine Rechnung geschickt ..."

Herr Müller wird umso mehr dazu neigen, je
länger das Call-Center ihn mit aus seiner Sicht
überflüssigen Höflichkeiten hingehalten hat.
„Guten Tag und herzlich willkommen bei
Pumuckl-Services. Mein Name ist Annemarie
Winter-Niederbauer. Was kann ich für Sie tun?"
– so etwas nervt Männer mehr als Frauen, weil
es nicht zum erlernten männlichen Sprachverhalten gehört, im Gespräch mit einem fremden
Menschen zunächst für das richtige Klima zu
sorgen.

Wie peinlich!
Männliche und weibliche Stimmen schaffen so
unterschiedliche Klang- und Assoziationswelten,
dass wir extrem verblüfft reagieren, wenn wir
uns, zum Beispiel beim Telefonieren mit einem
unbekannten Menschen, einmal in der Einschätzung des Geschlechts vertan haben. „Ach, Entschuldigung," heißt es dann, „Frau Schuster, ich
hatte Sie für einen Mann gehalten!" Peinlich ist
uns das.

Noch peinlicher aber ist es, wenn man die Stimme eines Mannes für eine Frauenstimme gehalten hat: „Ach so? *Herr* Weber? Oh, das ist mir jetzt unangenehm; die Verbindung ist aber auch sehr schlecht."

Warum ist das eine weniger peinlich als das andere? – Die Antwort kann Frauen nicht gefallen; aber vermutlich trifft sie zu: Weil es für einen Mann ehrenrührig ist, für eine Frau gehalten zu werden – mehr jedenfalls als für eine Frau, wenn sie für einen Mann gehalten wird.

Die Sprache ist da verräterisch: Zur Vokabel „weibisch", bezogen auf Männer, gibt es kein Pendant. „Herrisch" ist es jedenfalls nicht; das können beide Geschlechter sein.

Laute bilden

An seiner Stimmlage kann ein Mensch wenig tun: Aus einem Sopran wird ohne Geschlechtsumwandlung kein Tenor; an der Lautstärke einer Stimme hingegen kann man sehr wohl arbeiten.

Das zeigt die neue Generation von schlanken Opernsängerinnen, die die „Walküren" abgelöst hat. Die Nachwuchs-Diven holen aus teilweise zartesten Figuren eine enorme Klangfülle und können bei alledem auch noch lebhaft schauspielern. Wenn man so will, sind sie die musikalische Version der Zicke.

Speak up!

Dieses Buch hätte auch den Titel „Speak up!"
tragen können. Die englische Wendung bedeutet zwar zunächst nichts weiter als „sprich" bzw.
„sprechen Sie lauter und deutlicher!"; sie lädt
aber auch ein zu der Gedankenverbindung, sich
durch eine klare und deutliche Sprache „nach
oben zu sprechen".

Vielleicht haben Sie die folgende Situation so
oder ähnlich schon einmal erlebt.

Degradierung

In einer Konferenz melden sich der Reihe nach
die Teilnehmer zu Wort, alles Männer. Der eine
hat tatsächlich etwas zum Thema zu sagen; der
andere sagt zwar viel, aber es bringt die Runde
nicht weiter; der Dritte wiederholt in anderen
Worten, was der Erste schon gesagt hat, nur um
auch etwas gesagt zu haben – alles, ohne dass
der Vorsitzende eingreift.

Dann erklingt zwischen all den Männerstimmen
auf einmal eine leisere, weibliche. Die Frau hat
noch nicht ganz angefangen – da sagt der Vorsitzende „Sprechen Sie bitte lauter!" Egal, wie klug
die Einlassungen der Dame auch gewesen sein
mögen – sie geht mit einem Tadel in das Rennen
um die allgemeine Aufmerksamkeit. Die Auffor-
derung, lauter zu sprechen, kommt einer Degra-
dierung der zu leise sprechenden Person gleich.

In Gremien, die die guten Umgangsformen ein-
gebüßt haben – wie das in Parlamenten häufig
der Fall ist –, kann der Tadel noch krasser kommen: durch ein in den Saal gebrülltes „Lauter!",
das meist einer männlichen Kehle entspringt.

So etwas muss man nicht haben, auch als Frau
nicht. Denn Stimmen kann man ausbilden,
Atemtechnik kann man lernen. Man muss ja
nicht unbedingt Schauspieler werden wollen,
um sich an einer Hochschule, die das anbietet,
ein Gastseminar „Laut- und Stimmbildung" zu
verordnen.

Laut und leise

Wer sich mit der Stimme und ihrer Führung
befasst, wird lernen, dass es keinesfalls darum
geht, künftig permanent mit maximaler Lautstärke zu sprechen. Die hohe Kunst eines die
Zuhörer fesselnden Vortrags besteht vielmehr
unter anderem in der bewusst eingesetzten
Modulation zwischen lauten und leisen Tönen.

Wenn Sie Ihre Zuhörer im Griff haben, können
Sie sie gerade durch ein plötzliches Zurückneh-
men der Lautstärke zu erhöhter Aufmerksamkeit
führen.

Schnell und langsam

Die oft geringe Lautstärke weiblicher Stimmen
ist aber nur *ein* Faktor, der die Aufmerksamkeit
der Zuhörer negativ beeinflusst. Ein anderer ist
das Sprechtempo. Und auch das hängt mit der
Biologie zusammen.

Groß und getragen, klein und flink – dieser
Gegensatz zwischen eher männlich und eher
weiblich steckt mit dahinter, wenn Frauen oft
viel zu schnell reden.

Eine andere Ursache für das schnelle Reden vieler
Frauen ist die Angst, mangels Macht unterbro-
chen zu werden, bevor alles gesagt ist. Doch die
Schnellsprecherin erreicht mit ihrer Hast das
genaue Gegenteil von dem, was sie wollte: Sie
demonstiert vor aller Ohren ihre Ohnmacht.

Das starke Geschlecht

Zu allem Überfluss kommt die hektisch gesprochene Botschaft noch nicht einmal an, zumindest
nicht bei Männern. Denn Männer sind nicht so
schnell – beim Laufen vielleicht, aber nicht in
der Sprache. Das für die Frauen nachteilige
Reden im Sauseschritt hat nämlich noch einen
dritten Grund: Frauen sind in ihrer Mehrzahl
eloquenter als Männer.

Das weibliche Gehirn mit seiner besseren Ver-
knüpfung der beiden Hälften ist für kommunikative Aufgaben besser prädestiniert als das der
Männer. Es ist, so die *FAZ* in einer spitzzüngigen
Rezension des Buches „Das starke Geschlecht"
von Helen Fischer, „in den evolutionstechnisch
jüngeren Regionen aktiver als das des Manns
und somit das weiter fortgeschrittene Modell".

Runterschalten
Wie auch immer; so viel ist allgemein bekannt:
Weibliche Kleinkinder können früher sprechen
als männliche. Mädchen haben im Fremdspra-
chenunterricht überwiegend bessere Noten als
Jungen. An der kommunikativen Überlegenheit
der Frauen in ihrer Gesamtheit gibt es keinen
Zweifel; sie haben die Worte in aller Regel
schneller parat als Männer.

Und doch wären sie besser beraten, sie nicht
immer sogleich und nicht immer mit solcher Ge-
schwindigkeit zu äußern, wie sie können. Sonst
verkehrt sich eine Überlegenheit des weiblichen
Geschlechts in einem von Männern dominierten
Umfeld in ihr Gegenteil.

Der Blues

Es gibt verschiedene Techniken, mit denen man
sich zu langsamerer Rede disziplinieren kann.
Zunächst gehört dazu eine bequeme Sitzhaltung.
Gelassen zurücksitzend redet es sich unaufgereg-
ter als vorn auf einem Stuhl hockend, die Beine
verkrampft übereinander geschlagen.

Als es noch nicht unfein war zu rauchen, konnte
man sich durch Zigarettenzüge zumindest zu
einigen Redepausen verhelfen. Heute muss es
eher ein Schluck aus dem Wasserglas sein.

Ich selbst neige auch zum zu schnellen Sprechen
und habe gute Erfahrungen damit gedacht, an
einen Blues mit seinem gelassenen Rhythmus
zu denken, bevor ich in den alten Fehler verfalle.
Wenn Eric Clapton wüsste, wofür „Nobody
knows you, when you're down and out" so alles
taugt!

Schöne Stimmen

Frauen können mit sich selbst und dem, was an
ihnen vermeintlich nicht schön ist, extrem hart
ins Gericht gehen. Umfragen bestätigen immer
wieder, dass kaum eine mit sich zufrieden ist.

Die eine findet sich zu dick, die andere meint, sie
hätte einen zu kleinen oder zu großen Busen, die
Dritte hadert mit ihren Beinen oder ihren
Haaren – irgendwas ist immer.

Nachdem zu befürchten ist, dass ein erster, inzwischen in der Frauenzeitschrift *Elle* erschienener Beitrag über das Tuning von Stimmen ein weiteres Unzufriedenheitsfass aufgemacht haben könnte, sei hier vorsichtshalber versichert, dass der Grundtenor einer Stimme noch nie einen Menschen am Aufstieg gehindert hat. Und das gilt für Männer wie Frauen gleichermaßen.

Oder würden Sie behaupten wollen, die Stimmen von „Bertelsmann" Reinhard Mohn oder von Gewerkschaftsfrau Ursula Engelen-Käfer seien „schön"?

Selbst im Showgeschäft, wo es ganz entscheidend auf Äußerlichkeiten ankommt, kann man mit Quäkstimme Karriere machen: Oder wie empfinden Sie die Laute von Verona Feldbusch?

Fairness
Wahrscheinlich sind die Menschen letztlich doch fairer, als Zyniker behaupten: Sie erkennen an, dass bestimmte Dinge naturgegeben sind und man sie kaum beeinflussen kann.

Diese Eigenschaften eines Menschen werden dann zumindest nicht zum Karriere-Nachteil. Wenn es anders wäre, könnten nicht so viele „Napoleone", ihrer Kleinwüchsigkeit zum Trotz, großen Einfluss gewinnen.

Kapitel 5

Höhere Einsichten

Die Prägung durch die Erziehung

Nicht alle Elemente eines typisch weiblichen Sprachverhaltens haben etwas mit
der Biologie zu tun. Vieles von dem, was Frau-
en im Beruf schadet, ist in der Erziehung be-
gründet. Mädchen mit bürgerlichen Eltern-
häusern haben es da häufig schwerer als solche
aus ganz einfachen Verhältnissen, denen nicht
dauernd erzählt worden ist: „Sei nicht so vorlaut!" – „Fall den Leuten nicht ins Wort!" –
„Warte, bis du gefragt wirst!"

Aus gutem Hause
Im Beruf muss man leider gelegentlich „vorlaut"
sein und anderen ins Wort fallen – zum Beispiel,
wenn man dafür verantwortlich ist, Diskussionen
nicht ausufern zu lassen. Das fällt vielen Frauen
schwer, besonders, wenn sie „aus gutem Hause"
stammen. Denn sie verstoßen gegen alles, was sie
gelernt haben, sie „benehmen sich schlecht" und
sie fürchten, als unweiblich zu gelten.

„Sei doch nicht so grauenhaft direkt!" – „Man
fällt doch nicht mit der Tür ins Haus!" – Auch
solche in der Kindheit gelernten Lektionen prä-
gen das Sprachverhalten „wohlerzogener" Frauen.
Bevor man mit seinem Anliegen auf den Punkt
kommt, so die Vorstellung, hat man es erst einmal wie ein Geschenk zu verpacken und eine
Art verbale Schleife drumzuwickeln – auch ein
Grund dafür, warum Telefongespräche zwischen
Frauen, den Männern ewig unverständlich, oft
so lange dauern.

Die Weghörer

Nun stößt die wohlerzogene Frau im Beruf aber
auf eine Welt von Männern, und die haben alle
eines gemein: Sie können oder wollen nicht zuhören – genauer: Sie hören nur, was sie wollen.

Wenn Sie einen Lebenspartner haben, kennen
Sie das ja. Sie erzählen lang und breit von dem
wunderbaren Fitnesshotel und wie er da in nur
14 Tagen fantastisch abnehmen könne, ohne
zu hungern, wie toll das eingerichtet sei und wie
herrlich die Landschaft drumherum, und dann
fragt er: „Und warum willst du dahin?"

Der Extremfall ist der Chef, der nicht nur – wie
andere Männer auch – nicht zuhören kann oder
will, sondern der obendrein stets sehr wenig Zeit
hat. Wenn Sie da nicht gleich zu Beginn der ge-
währten Audienz mit Ihrem Anliegen auf den
Punkt kommen, haben Sie ihm zwar etwas erzählt, aber erreicht haben Sie nichts.

Deine Rede sei ja, ja und nein, nein

Machen Sie, wenn Sie wirklich etwas Bestimmtes
erreichen wollen, nur nicht den Fehler, Ihr Anliegen im Tonfall einer Frage vorzubringen. Wie
soll Ihr Chef denn die Überzeugung gewinnen,
Ihr Vorschlag sei einer, dem er guten Gewissens
zustimmen kann, wenn Sie selbst schon Zweifel
erkennen lassen!

Also sicher nicht: „Ich kann zwar auch nicht
garantieren, dass...; aber wir könnten ja..." Wer
kann schon etwas garantieren? Das können Ihre
männlichen Konkurrenten mit ihren Vorschlägen

auch nicht. Wählen Sie lieber eine Formulierung, die zeigt, dass Sie von der Sache überzeugt sind: „Von allen Vorschlägen, die auf dem Tisch liegen, verspricht dieser den größten Erfolg. Lassen Sie uns gleich morgen an die Umsetzung gehen!"

Das Beispiel zeigt auch eine weitere notwendige Eigenschaft für eine erfolgreiche Kommunikation im Beruf: Vorschläge, Wünsche und Fragen, aber auch Aufträge an Mitarbeiter so konkret und unmissverständlich wie möglich zu formulieren. Also nicht „bald", sondern „gleich morgen", nicht „kurzfristig", sondern „bis Freitag".

Gedanken raten

Frauen muss man daran stets erinnern, denn auch in diesem Punkt hat die Erziehung Spuren hinterlassen. Unsere Mütter beherrschen nämlich eine Gesprächstechnik, die ich einmal als die „Technik der nahe gelegten Aufgabe" bezeichnen möchte. Gegen diese Technik, zum Teil hochgradig perfektioniert und noch bis ins hohe Alter der Mütter funktionstüchtig, scheinen Söhne weitestgehend immun.

Die Technik der nahe gelegten Aufgabe funktioniert etwa so. Die Mutter sagt: „Ach, ich müsste unbedingt mal wieder zum Friedhof." Von der Tochter wird erwartet: „Soll ich dich hinfahren?" Die Antwort „Dann nimm doch ein Taxi!" gilt – der Mutter gegenüber zu Recht – als frech und unverschämt. Man hat gefälligst auch auf indirekt ausgesprochene Forderungen im gewünschten Sinne zu reagieren und die Aufgabe sozusagen aus höherer Einsicht heraus selbst zu wählen.

Bitte nicht weitergeben!

Solange Sie nur Ihre Mutter zum Friedhof fahren, ist das auch alles in Ordnung – immer vorausgesetzt, Sie erkennen den Mechanismus und sehen tunlichst davon ab, eigenen Töchtern auf ähnliche Weise zu begegnen. Schwierig wird es dort, wo Sie diese bei Ihrer Mutter abgeschaute Technik auf Ihr berufliches Umfeld übertragen und von Ihren Mitarbeitern erwarten, sie möchten bitte von sich aus tun, was Sie als Vorgesetzte für richtig halten.

Sagt eine Chefin: „Mir scheint, der Kopierer macht Streifen", erwartet sie, dass sich die Sekretärin zuständig fühlt und für Abhilfe sorgt. Geschieht das nicht oder nicht sofort, ist die Chefin enttäuscht. Warum sagt sie nicht einfach: „Frau Schneider, bitte bestellen Sie doch den Kundendienst. Und das nächste Mal achten Sie bitte selbst darauf!"

Wir-Gefühl

Frauen sagen auch gern „wir", wenn sie eigentlich einen ganz bestimmten Mitarbeiter meinen, der eine Aufgabe erledigen soll. Etwa so: „Wir müssten mal bei dem Kunden X nachfassen." Wenn genau bekannt ist, wer den Kunden X betreut, wäre es sehr viel besser, konkret zu werden: „Herr Jäger, fassen Sie doch bitte heute noch bei dem Kunden X nach."

Auch Fragen sind bei Frauen beliebt, wenn sie eigentlich eine Anweisung erteilen wollen. Das klingt dann so: „Sollten wir vielleicht den Kopierer mal wieder warten lassen?"

Eine so angesprochene Frau wird natürlich begreifen, dass das eine auf weibliche Art gesprochene Anweisung ist. Auch ein sensibler Mann wird das so empfinden. Beiden jedoch eröffnet der in Frageform erteilte Auftrag die Möglichkeit, ihn zu ignorieren, ohne deshalb eine Sanktion fürchten zu müssen.

Das Veilchen im Moose
Zur Litanei der Verhaltensregeln, die Mädchen mit auf den Weg gegeben werden, gehören auch diese: „Spiel dich nicht auf!" – „Sei nicht so unbescheiden!" – „Wer wird denn so angeben!"

Da kann es nicht verwundern, wenn es Frauen auch im Beruf unangenehm ist, ihre eigenen Leistungen im Gespräch hervorzuheben. Erfährt sie ein offenes Lob, wird sie sogar noch dazu neigen, ihre Leistungen herunterzuspielen.

„Na ja, ich habe eben Glück gehabt" – so etwas wird man selten von Männern hören, wenn sie vom Chef für eine bestimmte Leistung gelobt werden.

Unzählige Poesiealben-Verse scheinen sich tief in die weibliche Seele eingegraben zu haben. Kennen Sie den: „Sei wie das Veilchen im Moose, bescheiden, sittsam und rein, und nicht wie die stolze Rose, die ständig bewundert will sein!" Wann jemals wären kleine Jungen einem solchen Schwachsinn ausgesetzt gewesen!

Was wollen Sie eigentlich?

Selbst wenn es um so wesentliche Dinge wie das eigene Gehalt geht, bringen Frauen es kaum jemals fertig, klar zu artikulieren, was sie wollen und warum. „Geld ist mir nicht so wichtig; mir geht es um die Aufgabe", ist eine vielen Personalchefs bekannte Behauptung von Frauen.

Wer wollte es da denen, die auf dem Geld sitzen, verübeln, dass sie die männlichen Kollegen üppiger ausstatten! Wenn doch die Frauen mit der Aufgabe schon so glücklich sind! Was soll man da auch noch das Geld hinterherwerfen!

Äußerungen wie „Ich habe mit meinem Team im letzten Jahr soundso viel Prozent zum Umsatz und schätzungsweise soundso viel zum Gewinn beigetragen. Ich erwarte, dass das angemessen honoriert wird, und angemessen heißt für mich soundso viel" bringt eine Frau in der Regel nur widerwillig über die Lippen.

Doch wenn wir Frauen nicht endlich anfangen, zu fordern, was wir wert sind, wird die immer noch herrschende Ungleich-Bezahlung von Männern und Frauen, auch in Führungspositionen, nie ein Ende nehmen.

Gehälter

Dass nicht nur bei den gewerblichen Arbeitnehmern Männer und Frauen ungleich bezahlt werden, lässt der Mikrozensus 2000 des Statistischen Bundesamtes erkennen: Während nicht ganz doppelt so viele Männer wie Frauen sich als

„Führungskraft" bezeichnen (20 gegenüber 11 Prozent), verfügen glatt dreimal so viele Männer wie Frauen über mindestens 4000 Mark netto im Monat (15 gegenüber 5 Prozent).

Als geradezu zynisch habe ich die Äußerung einer jungen Hochschulabsolventin, Typ *high potential*, empfunden: „Ich geh nicht in eine Division mit vielen Frauen; da wird schlechter bezahlt."

Lorbeeren

Es ist auch oft beschrieben worden, wie Frauen mit dem ihnen eigenen Perfektionismus zwar hervorragende Konzepte ausarbeiten, es dann aber einem Kollegen überlassen, ihre Überlegungen im Plenum vorzutragen. Der Kollege sonnt sich dann in der allgemeinen Anerkennung, obwohl er womöglich selbst nur das Geringste zu der Ausarbeitung beigetragen hat.

Dahinter steckt eine alte Sehnsucht der Frauen: Sie wollen, bitte schön!, entdeckt werden. Irgendein Prinz wird kommen und sehen, welche Blume da im Verborgenen blüht. Vergessen Sies! Es gibt keine Prinzen im Berufsleben.

Dies ist kein Plädoyer gegen Teamarbeit, sondern dafür, dass diejenigen, die die Arbeit gemacht haben, auch die Anerkennung dafür bekommen.

Sie haben als Studentin eine Gruppenarbeit mit Kommilitonen zu Papier gebracht? Dann tragen Sie sie auch vor! – Sie wollen ein Buch schreiben? Dann machen Sie es allein oder mit Frauen! Ein Koautor ist selten so fleißig wie Sie.

Kapitel 6

Entschuldigung!

Die Angst vor der Direktheit

Haben Sie mal Talkshow-Gäste beobachtet? Achten Sie auf die Frauen: Wenn sie nicht gerade Renate Künast oder Sahra Wagenknecht heißen, mischen Sie sich ungefragt weniger oft und weniger frech ein als die Männer. Und das bei einem Personenkreis, der vorselektiert ist, und zwar unter anderem nach den Kriterien „hat zum Thema etwas beizutragen" und „ist nicht auf den Mund gefallen".

Entschuldigung!
Im normalen beruflichen Umfeld, wo eine solche Vorselektion unter kommunikativen Aspekten in weniger starkem Maße stattfindet, treten die Unterschiede noch viel deutlicher hervor. Nicht selten hat man den Eindruck, dass Frauen, die sich in größeren Runden zu Wort melden, ein ständiges „Entschuldigung!" vor sich hertragen oder – schlimmer noch – ein „Entschuldigung, aber..."

Da ist es wieder, dieses „Es gehört sich nicht, sich ungefragt einzumischen" oder gar „jemandem ins Wort zu fallen". Wann endlich verstehen Frauen, dass jeder, der im Beruf vorankommen will, sich einmischen *muss*!

Ich bin da!
Männer melden sich oft zu Wort, wenn sie gar nichts Neues zu sagen haben – einzig, um in der Redeschlacht zu zeigen, dass sie zu den Akteuren gehören. Wie viel mehr sollten Frauen ihre Zurückhaltung aufgeben, wenn sie tatsächlich etwas zu sagen haben!

Manchmal wundern wir uns, dass Konferenzen von Männern, jenes doch angeblich so zielorientierten Geschlechts, häufig sehr lange dauern. Dabei ist es ganz einfach: Jeder der Teilnehmer will zeigen, dass er im Spiel ist; jeder will deshalb etwas sagen.

Die Situation wird verschärft, wenn eine einzelne, womöglich attraktive Frau zu der Runde zählt. Dann kommt zum Profilierungsbestreben gegenüber der „Truppe" und deren Boss auch noch das Gockelverhalten. Schon zur Vermeidung solcher Konstellationen, die recht unerquicklich sein können, sollten Frauen daran arbeiten, dass künftig eine größere Zahl von ihnen auf den Führungsetagen mitmischt.

Erheben Sie also – auch entgegen Ihrer inneren Neigung – in großer Runde die Stimme und unterdrücken Sie das Wort „Entschuldigung", wenn es gar nichts zu entschuldigen gibt, sondern Sie schlicht anderer Meinung sind oder eine bessere Idee haben.

Besitz anzeigen
Beginnen Sie mit einer sehr bestimmten Äußerung wie „Meine Herren, das sehe ich anders." „Meine Herren" ist immer gut; das besitzanzeigende Fürwort heißt nicht umsonst so: Es ist geeignet, auf subtile Art und Weise Macht zu demonstrieren.

Lassen Sie sich auch nicht unterbrechen, bevor Sie Ihren Gedanken ruhig und ohne Hast zu Ende geführt haben. Versucht es jemand, greifen

Sie zu dem Satz, der noch immer geholfen hat,
wenn er denn zutrifft: „Ich habe Sie doch auch
ausreden lassen!"

Ungeliebt
Zugegeben, das wirkt aggressiv, und derjenige,
den Sie in dieser Form öffentlich rügen, wird Sie
dafür nicht lieben. Soll er ja auch gar nicht; das
ist nicht Zweck der Veranstaltung. Frauen ver-
wechseln das oft. Aber – so hart das klingen mag:
Wenn Sie Nestwärme brauchen, bleiben Sie lieber zu Hause!

Denn das Berufsleben, wie es die Männer er-
schaffen haben, *ist* aggressiv: Es besteht aus
Angriff und Verteidigung auf der ganzen Linie.
Besonders bewundert – wenn es einem Ausnah-
mehelden denn gelingt – werden „feindliche
Übernahmen". So ticken Männer, und Sie sollten es wissen.

Männer „ringen" um die beste Lösung. Sie
„kämpfen" um Anerkennung, sie „erobern"
Märkte und sie „verdrängen" Wettbewerber. Sie
sehen zu, wie ein Anbieter „in die Knie geht"
und wie, wenn er das zu oft macht, „das Todes-
urteil" über ihn gesprochen wird.

Zu aggressiv?
Noch steht der Beweis aus, dass eine Wirtschafts-
welt, die die Frauen erfunden hätten, weniger
aggressiv in der Sache wäre. Vielleicht wäre sie
es in den Vokabeln; aber selbst das darf bezwei-
felt werden. „Verkaufsoffensiven" werden in von
Frauen betreuten Geschäftsberichten zwar selten

gefunden; aber dort, wo wir bisher Frauen in Machtpositionen öffentlich erleben durften, und das ist meist in der Politik, sind sie nicht gerade durch Zimperlichkeit aufgefallen.

Margaret Thatcher mag der Stolz der britischen Friseurinnung gewesen sein und hatte auch kein Problem mit Handtaschen und anderen Insignien holder Weiblichkeit; doch was da an Äußerungen unter ihrer Falkland-festen Sturmfrisur hervorkam, klang nicht gerade nach Gutenachtgeschichten.

Verlierer
Die Neigung der Frauen, sich permanent zu entschuldigen, mag unter ihresgleichen gut ankommen; bei Männern verfehlt sie ihre Wirkung und outet die Frau nur als das, wofür sie sie sowieso halten: unterlegen.

Frauen entschuldigen sich nicht nur, wenn sie sich einmischen oder etwas von einem Mitarbeitern erledigt haben möchten; die Entschuldigungshaltung ist sogar noch da, wenn eine Vorgesetzte einen Mitarbeiter mit gutem Grund rügt.

Die typische Frau wird stets dazu neigen, den notwendigen Tadel durch einen kleinen Hinweis auf widrige Umstände oder anderes vom Getadelten nicht zu Verantwortende abzumildern.

Eine Chefin ist glatt in der Lage zu einer Äußerung wie „Sie haben hier *Referenz* geschrieben, Frau Kluge, statt *Referat*; aber meine Schrift ist heute auch sehr schlecht zu lesen" – und das in einer Situation, wo es durchaus angebracht gewesen wäre zu sagen: „Sie sollten mitdenken, Frau Kluge, wenn Sie tippen: Wir fügen doch keine Referenz bei, sondern ein Referat!"

Sie haben Sorgen, liebe Leserin, dass Sie sich durch solche Direktheit unbeliebt machen? – Das können Sie vergessen. Ganz im Gegenteil: *Wenn* eine Frau schon eine Chefin erdulden muss, dann will sie sie wenigstens respektieren. Doch Frauen untereinander – das ist ein eigenes Kapitel. In diesem Buch hat es die Nummer 10.

Schluss jetzt!
Es ist erstaunlich, wie schwer sich Frauen im Berufsleben mit Rügen und Sanktionen tun können, wo sie doch gegenüber Kindern und anderen Abhängigen oft einen Kasernenhofton sondergleichen beherrschen.

Hören Sie mal hin, durchaus auch bei gebildeten Damen: „Dominik, noch einmal so was – und du gehst auf der Stelle ins Bett!" – „Ich will das nicht noch mal erleben, Sara!" – „Seit wann essen wir, bevor wir gebetet haben!" – „Das ist mein letztes Wort, Benni!" – „Bist du verrückt geworden, Janine?"

Die Entblößung

Auch in so durch und durch weiblichen Umfeldern wie Frauenarztpraxen kann man den Tonfall der Kasernenhöfe antreffen. Eine Gynäkologin erzählte mir einmal, sie habe ihr ganzes Berufsleben dagegen angekämpft, dass ihre Sprechstundenhilfen immer zu den wartenden Patientinnen sagten: „Gehen Sie schon mal da rein! Machen Sie sich schon mal frei!" Die Damen in Weiß fühlten sich überlegen; sie spielten ihre Macht aus – unter Frauen.

Nun ist das „Entschuldigung!", mit dem Frauen sich gern in ein Gespräch einmischen, keine Entschuldigung in dem Sinne, dass sie für ein Fehlverhalten um Verzeihung bitten, dass ihnen gar etwas leid tut und sie es bereuen; es gehört vielmehr zum Kanon der weiblichen Versatzstücke und ist in einer solchen Gesprächssituation erziehungsgemäß hervorzuholen.

Wörtlich

Männer aber haben eine Technik entwickelt, Versatzstücke und rein rhetorische Figuren wörtlich zu nehmen: Es tut ihr Leid? Na, wunderbar; das soll wohl auch sein, wenn sie sich ungefragt in eine Diskussion unter Männern einmischt!

Wie Männer es verstehen, die Äußerung einer Frau durch Wörtlichnehmen zu entkräften, können Sie bei den unter Frauen beliebten rhetorischen Fragen beobachten. Sie kennen das aus Ihrem Privatleben: „Jürgen, solltest du nicht jetzt aufbrechen, wenn du noch Blumen bekommen willst?" – Darauf er: „Nein, wieso?"

Es kann sein, dass die Frau im zweiten Anlauf denselben Fehler wieder macht: „Du weißt doch, dass die Läden sonntags um 12 Uhr schließen, oder?" – Darauf er: „Nein, weiß ich nicht."

Dieses Paar ist nicht mehr weit von einer Krise. Dabei hätte sie nur sagen müssen: „Liebling, du musst aufbrechen. Die Blumenläden schließen alle um 12."

Verweigerer

Der Mechanismus, der vor allem in privaten Frauenrunden immer noch funktioniert und der der von unseren Müttern gern benutzten Technik der „nahe gelegten Aufgabe" ähnelt, versagt in der Regel bei Männern. Eine Ausnahme bilden jene raren, voll domestizierten Exemplare von Ehemännern, um die bestimmte Frauen immer beneidet werden – zu Unrecht übrigens, denn die meisten Beziehungen zu solchen wohlerzogenen Herren, die auf rhetorische Fragen in der gewünschten Weise reagieren, gehen nicht am Streit, sondern an der Langeweile zu Grunde.

Transfer

Wir alle neigen dazu, Sprachmuster, die im privaten Kontext funktionieren, in das Berufsleben mitzunehmen – und umgekehrt.

Darum erlebt man es häufig, dass Chefinnen Aufgaben etwa folgendermaßen verteilen: „Herr Kannengießer, was ich gerade geschildert habe, ist eine sehr anspruchsvolle, aber dafür auch hochspannende Aufgabe. Könnten Sie sich vorstellen, dass das etwas für Sie wäre?"

Wenn die Chefin Pech hat, greift der liebe Herr Kannengießer zu der allen Männern vertrauten Technik. Er nimmt die Frage wörtlich und sagt: „Nein, kann ich mir nicht vorstellen" und hat auch noch die Lacher auf seiner Seite.

Der Chefin, die ihr Gesicht wahren will, hilft dann nur noch Schlagfertigkeit: „Dann machen Sie es eben, ohne es sich vorgestellt zu haben, aber bitte bis übermorgen!"

Der Mann hätte ein weniger leichtes Spiel gehabt, hätte die Frau ihren Wunsch direkt und unmissverständlich vorgetragen: „Diese sehr anspruchsvolle, aber auch hochspannende Aufgabe, die ich da gerade geschildert habe, würde ich gern Ihnen übertragen, Herr Kannengießer."

Wenn er dann, verblüfft ob so viel unerwarteter Direktheit, zurückfragt: „Mir?", ist das eine *Steilvorlage* (Männersprache!) zur Besiegelung der Sache : „Ja, Ihnen." Punkt.

Er fragt!
Wie geschickt die Chefin im zweiten Fall vorgegangen ist, zeigt sich daran, dass der Mann etwas ganz Seltenes tut: Er stellt eine Frage, eine rhetorische noch dazu.

Männer lieben es nicht, Fragen zu stellen, rhetorische nicht, und Wissensfragen schon gar nicht. Sie spüren instinktiv: Wer fragt, begibt sich gegenüber demjenigen, der die Antwort weiß, in eine rangniedrigere Position.

Der typische Mann, der noch kein Navigations-
system sein Eigen nennt, fährt lieber dreimal
falsch um den Block und hält endlich an, um die
Karte zu studieren, bevor er sich aufrafft, an seinem Zielort anzurufen und sich nach dem Weg
zu erkundigen oder gar Passanten anzusprechen.

Er lässt sich auch ungern von seiner Partnerin
erklären, wie das mit der Mailbox funktioniert,
obwohl sie es oft sehr viel besser im Griff hat,
sondern macht es lieber immer wieder falsch.
Und bevor er jemanden um Rat bittet, der nicht
sein engster, sein Busenfreund ist, muss schon
etwas ganz Schlimmes passieren: Die Ehefrau
will ihn verlassen, er hat eine unheilbare Krank-
heit oder dergleichen.

Selbst die so genannte Männerfreundschaft
scheint keine geeignete Basis, unter Männern
um Rat zu fragen. Was eine Männerfreundschaft
denn genau ist, wird sich Frauen noch lange
entziehen. Nur einmal wurde mir eine halbwegs
brauchbare Definition dieses Begriffs angeboten,
und zwar von einem Regisseur: Männerfreundschaft sei „Erotik ohne Sex".

Was soll ich machen?
Frauen fragen andere Frauen dauernd um Rat –
und wenn es nur darum geht, wie man denn
wohl am besten den Rotweinfleck aus dem Sei-
denteppich wegbekommt oder was man gegen
„Hitzewellen" in den Wechseljahren tun kann.

Auf das Berufsleben übertragen, können Sie als Frau aus diesen Beobachtungen nur eines ableiten: Fragen Sie nicht so viel!

Damit ist nicht das bohrende Fragen zu Recherchezwecken gemeint oder das Kontrollfragen der Chefin („Wann genau haben Sie den Brief abgeschickt?"), sondern das rhetorische Fragen, das unerwünschte Antworten von Männern ermöglicht, und das Fragen, das den Eindruck erweckt, Sie allein hätten den Zusammenhang nicht verstanden.

Wenn es wirklich so ist, dass Sie etwas nicht verstanden haben, gibt es geschicktere Wege als das öffentliche Bekenntnis: „Das habe ich jetzt nicht verstanden." Sie dürfen nämlich getrost davon ausgehen, dass die anwesenden Herren es ebensowenig kapiert haben und es nur nicht sagen, sondern sich lieber *nach* der Sitzung erkundigen, wie das denn wohl gemeint gewesen ist.

Keine Ahnung
Viel geschickter ist es deshalb, in einer solchen Situation etwas zu sagen wie: „Ich habe den Eindruck, nicht alle an diesem Tisch haben das ganz verstanden. Sie sollten das einmal präzisieren." Sie machen sich damit zugleich zur Wortführerin und ernten Bewunderung bei den Männern, die sich nicht getraut haben. Aber Achtung: Wenn Kollege Meier sich dann aufschwingt, Ihnen die Ausführungen des Chefs mal kurz zu erläutern, haben Sie ein *Selbsttor geschossen* (wieder Männersprache). Sie sollten Ihrer Sache darum sehr sicher sein.

Wortführer

Eine Frau, die sich lange genug in der Wort-
führerschaft geübt hat und viel Zeit im Beruf
verbringt, wird diese Haltung gern auch mit
nach Hause bringen. Wenn sie Glück hat, trifft
sie dort auf einen Partner, der ihr etwas in dieser
Art sagt: „Nun schalte mal einen Gang runter!
Hier bist du nicht der Boss!"

Einem solchen Partner kann sie eigentlich nur
dankbar sein. Denn unabhängig davon, wer zu
Hause tatsächlich der Boss ist und ob es dort
überhaupt einen gibt, bewirkt es etwas Wunder-
bares: dass sie ihren großen Reichtum, ihre andere, die weibliche Sprachwelt, nicht verliert.

Bilingual

Eine solche Frau ist besser dran als alle Männer
der Welt: Sie ist in zwei Sprachwelten zu Hause –
einer im wahrsten Sinne des Wortes mutter-
sprachlichen, in der sie aufgewachsen ist, und
einer, die sie sich im Berufsleben erobert hat.
Neben allen Fremdsprachenkenntnissen, die sie
haben mag, besitzt sie damit eine für den Erfolg
unschätzbare kommunikative Kompetenz: Sie ist
in ihrer eigenen Sprache bilingual.

Kapitel 7

Frech und froh

Plädoyer für mehr Lässigkeit

Die Unterschiede zwischen Männer- und Frauensprache, sofern es Eigenschaften sind, die den Berufserfolg beeinflussen, liegen nun vor Ihnen ausgebreitet, verehrte Leserin, und an vielen Stellen ist auch im Beispiel deutlich geworden, was Frauen anders machen könnten, um sich besser durchzusetzen – anders, als es ihrer Neigung und Erziehung entspricht.

Das Zickenkonzept

Gibt es nun so etwas wie eine grundsätzliche Strategie, ein kommunikatives Konzept, mit dem eine Frau am besten in der Männerwelt der Wirtschaft besteht?

Kann man guten Gewissens eine Basishaltung empfehlen, mit der das „Püppchen" (so zart, dass „ihm" nur ein Neutrum zugestanden wird) ebenso gut bedient ist wie die „Maschine"?

Ich glaube, ja. Was hilft, ist das Zickenkonzept, die Strategie der Frechheit. Richtig funktioniert es aber nur mit einem Zusatz: die fröhliche Frechheit. Eine Frau kann selbst die größten Unverschämtheiten äußern, wenn sie Humor zeigt, wenn sie lacht, mitlacht, lächelt.

Eines, was die meisten Männer an Frauen „in den Tod" nicht ausstehen können, ist die Verbissenheit, die Art und Weise, wie sich Chefinnen und Kolleginnen mit einer für sie perversen Liebe zum Detail in eine Aufgabe stürzen können und niemals „fünf gerade sein lassen". „Frauen nerven", heißt es dann.

Korrekturen

Auch Frauen selbst leiden unter der in ihrem Geschlecht verbreiteten Detailversessenheit. Wenn Sie einem Auftraggeber einen Text vorlegen und es kommen die Korrekturen von zwei Männern und einer Frau zurück, können Sie ziemlich sicher sein, wer am kleinlichsten an das Manuskript herangegangen ist.

Männer sind viel eher in der Lage, Dinge, die zur Erreichung eines Ziels nicht entscheidend sind, zu ignorieren – auch wenn es vielleicht hier und dort durchaus noch eine schönere und elegantere Variante gegeben hätte.

Manchmal hat man den Eindruck, dass Frauen immer nach der „Eins" streben, auch wenn sie ihr Studium längst hinter sich haben.

Aber darauf kommt es im Wirtschaftsleben nicht an. Klaus Kocks, Marketing-Vorstand von VW, hat einmal in einem Vortrag zur Verleihung eines Forscherpreises die Beobachtung gemacht, dass es – so sinngemäß – anders als an der Uni in der Wirtschaft darum gehe, ein „Ausreichend" zu erzielen: mit geringstmöglichem Aufwand das Ziel zu erreichen!

Der Pickel

Auch in Sachen Perfektionismus ist das Verhalten im Beruf kein so ganz anderes als das in der Privatsphäre. Frauen bringen es ja fertig, einen Besuch nicht zuzulassen, weil ihre Wohnung nicht aufgeräumt und das Waschbecken nicht geputzt ist, oder einen Ball platzen zu lassen, weil sie einen Pickel auf der Nase haben.

Frauen, die die Pingeligkeit einer anderen Frau hinnehmen müssen, hassen diese Frau dafür, und Männer, die das mitkriegen, verachten beide für ihre Beschränkheit und freuen sich, dass die „Weiber" sich mal wieder gegenseitig das Leben schwer machen.

Fleißkärtchen

Einer der Männer, mit dem ich über dieses Buchprojekt gesprochen habe, berichtete mir, dass die Pingeligkeit der Frauen, die so viele, aus Männersicht überflüssige Fleißarbeiten hervorbringt, noch eine andere Folge hat, die Männer gar nicht mögen:

Frauen erzählen dauernd, wie unendlich viel Arbeit sie haben, und erwarten auch noch, dass sie dafür anerkannt werden. Wenn sie dann aber einmal nicht arbeiten, entschuldigen sie sich sogar noch dafür, statt das einfach zu genießen.

Wieder lässt sich etwas bis in die Kindheit zu-
rückverfolgen: Auch diejenigen, die zu jung sind,
um noch „Fleißkärtchen" bekommen zu haben,
ahnen, dass solche Auszeichnungen selten an
Jungen gehen.

So viel Arbeit
Auffällig ist auch dieses: Während Männer,
wenn sie sich etwas von einem Termin verspre-
chen, immer Zeit finden und selbst mitten in
der Woche bei Rotary oder im Golfclub aufkreu-
zen, kann man bei Frauen oft erleben, dass sie
im letzten Moment in ihrem Frauenclub absagen,
weil sie „noch so viel Arbeit auf dem Schreib-
tisch" haben.

Da passt es ins Bild, dass die Rotarier sich mit-
tags treffen, während Zonta- und andere Clubs
berufstätiger Frauen ihre Termine in den Abend-
stunden machen – und das, obwohl auf viele
Frauen noch Sonderaufgaben zu Hause warten,
die kaum einen Mann belasten.

Die Club-Sekretärin
Als ich einmal eingeladen war, einen Vortrag vor
Rotariern zu halten, habe ich mich gewundert,
was da für eine Dame am Eingang saß, um die
Namen der Anwesenden festzuhalten. Das sei
die Club-Sekretärin, wurde mir erläutert. Da
habe ich mich gefragt, warum wir uns in unseren
Frauen-Clubs nicht auch eine Club-Sekretärin
oder – besser noch – einen -Sekretär leisten.
Auch das passt zum Thema Fleiß.

Lächeln

Ein chinesisches Sprichwort sagt: „Wer nicht lächeln kann, soll keinen Laden aufmachen." Die Weisheit ist sicher nicht als Devise für selbstständige Einzelhändler ersonnen worden, sondern gilt ganz generell: Wer nicht lächeln kann, hat es schwer im Geschäft.

Frech und bestimmt, aber locker – so lautet die Empfehlung an alle, die im Beruf erfolgreich sein wollen. Aber Frauen muss man es wegen ihres Hangs zur Verbissenheit besonders sagen.

„Sie sind so bezaubernd, wenn Sie lächeln!" – wie oft haben Sie das schon gehört! Sollten Sie es noch nie gehört haben, wird es Zeit umzudenken; dann machen Sie vielleicht etwas falsch.

Schön frech

Gelegenheiten, frech, aber nicht verbissen zu reagieren, liefert uns die Männerwelt in Hülle und Fülle. Dazu eine Geschichte, wie sie überall passieren könnte und auch überall dort so oder ähnlich passiert, wo Frauen neues, bisher den Männern vorbehaltenes Terrain betreten. Das kann ein Direktorium sein oder ein Aufsichtsrat, der Vorstand eines Fördervereins, ein Unternehmensverband oder das Gremium einer Industrie- und Handelskammer.

Was Hübsches

Typischer Fall: Eine Frau, in diesem Fall eine
Unternehmerin, ist in ein bisher aus Männern
bestehendes Gremium gewählt worden. Sie wird
einer Runde von arrivierten, älteren Herren in
ihrer neuen Funktion vorgestellt und darf nun,
wenn sie einigermaßen adrett anzusehen ist,
schon mal mit sich selbst eine kleine Wette ab-
schließen, dass ihr ein typischer Männerspruch
begegnet: „Wird ja auch Zeit, dass wir hier mal
was Hübsches bekommen!"

Empörung? – Aber nein, die Dame ist schlagfertig: „Ja, meine Herren," sagt sie und schaut sie
der Reihe nach lächelnd an, „das finde ich auch."

Je nach dem im Gremium verbreiteten Ton,
wird jetzt einer anerkennend „Holla!" schreien
oder alle schlucken und lächeln ebenfalls; eine
Lektion fürs Leben haben sie so oder so bekommen; aber eine nette, eine mit einem Lächeln.

Klar hätte die Frau beleidigt reagieren und zu
einer Lektion über sexistische Äußerungen aus-
holen können. Aber wozu? Der die Äußerung
getan hat, kannte die neue Kollegin ja noch gar
nicht und hat sie deshalb auf das Einzige redu-
ziert, was ihm im Moment erkennbar war: ihr
Aussehen. Und außerdem hat der arme Teufel
es auch noch als Kompliment gemeint.

Vom Bösen

Was das Beispiel sagen will? – Lassen Sie auch
mal fünf gerade sein, liebe Zicken! Gehen Sie
insbesondere davon aus, dass Männer nicht
grundsätzlich bösartig sind und Frauen diskri-
minieren wollen, sondern dass sie bisher schlicht
wenig Gelegenheit hatten, die Kommunikation
mit gleichgestellten Frauen im Beruf zu üben!

Reservieren Sie sich Ihre Energie lieber dafür,
daran möglichst bald etwas zu ändern, indem
Sie selbst einen guten Job machen und anderen
Frauen helfen, es Ihnen gleichzutun.

Kapitel 8

Die rote Karte

Nützliche Techniken I

Schlagfertigkeit kann man trainieren. Die nötige kommunikative Kompetenz hat eine kluge, gut ausgebildete Frau eigentlich immer. Was ihr fehlt, ist neben der nötigen Portion Frechheit oft nur die realistische Einschätzung dessen, was ihr in der Männerwelt begegnen wird.

Wer aber nicht vorbereitet ist auf einen Schlag, der ist auch nicht „schlagfertig"; nichts anderes bedeutet ja das Wort. Und wer nicht damit rechnet, dass es auch ein „Tiefschlag" sein könnte, wird sich verstört zurückziehen, um das erst einmal zu „verdauen".

Der Leserbrief
Zum Thema Schlagfertigkeit ein Beispiel. In einem großen Gremium soll nach langer, heißer Debatte über ein bestimmtes Projekt abgestimmt werden. Die Diskussion scheint gelaufen; die Mehrzahl der Anwesenden, bis auf wenige Ausnahmen Männer, ist offensichtlich bereit, dem Projekt zuzustimmen.

Da meldet sich – ganz hinten und zum ersten Mal – eine der raren Frauen zu Wort. Sie steht auf, erinnert an die Argumente der Gegner und weist darauf hin, dass der heute leider nicht anwesende, einflussreiche Herr X sich doch auch in einem „Zeitungsartikel" – so ihre Formulierung – als Gegner des Projekts erklärt habe. Daraufhin schallt ihr von einem der Befürworter ein lautes „Leserbrief, Mädchen!" entgegen.

Die Frau ist völlig konsterniert; mit so etwas hat sie nicht gerechnet. Als ob es nicht gleichgültig wäre, welche Art von Zeitungsbeitrag das war, denkt sie. Aber sie sagt es nicht. Vielleicht erwartet sie, dass jemand ihr zur Seite tritt, weil sie so unfair angegangen worden ist.

Das geschieht aber nicht. Denn wenn die Damen schon meinen, so die Männerdenke, sie müssten in Männergeschäften mitreden, dann sollen sie nicht so zimperlich sein!

Also setzt die Frau sich wieder hin und schweigt für den Rest der Sitzung. Geärgert hat sie sich bestimmt; aber wenn sie klug war, hat sie auch darüber nachgedacht, was sie falsch gemacht hat und wie sie solchen Situationen in Zukunft anders begegnet.

Junge, Junge!

Wäre sie vorbereitet gewesen, hätte sie nur zurückrufen müssen: „Junge, Junge, tut *das* hier was zur Sache, ob das nun ein Artikel war oder ein Leserbrief!"

Der Saal hätte gebrüllt, und der „Junge" hätte es sich beim nächsten Mal dreimal überlegt, bevor er wieder eine Frau öffentlich als „Mädchen" tituliert hätte.

Sie aber hätte, nachdem sie nun auf einmal ernst genommen worden wäre, die Gunst der Stunde genutzt, um fortzufahren: „Richtig ist, dass ..."
Sie hätte all ihre Argumente wiederholen können und beim zweiten Anlauf den Verweis auf den

ach so einflussreichen Herrn X tunlichst unterlassen. Der war vorher schon wenig hilfreich, und jetzt wäre er nicht mehr nötig gewesen.

Durchboxen
Die Geschichte ist in zweierlei Hinsicht erhellend. Erstens macht sie deutlich, *dass* man zurückschlagen muss, und zweitens, dass man es *sofort* tun muss. Wer nämlich erst einmal öffentlich Schläge bezogen und sich nicht zur Wehr gesetzt hat, wird es schwer haben, sein Verlierer-Image wieder loszuwerden.

Präparieren Sie sich also, wenn Sie in eine neue Runde gehen – wie ein Boxer, der seinen Gegner studiert hat und genau weiß, ob der eine gefährliche Linke oder einen guten rechten Haken hat, oder wie ein Fußballer, der in endlosen Aufzeichnungen verfolgt hat, wer gute Pässe schlägt, wer Freistoß-Spezialist ist und wer ein Dribbelkünstler und welcher Gegner häufig foult.

Wenn Sie als Minderheiten-Frau in eine Runde von ehrgeizigen Männern kommen, rechnen Sie am besten *immer* damit, dass einer foult.

Die übelsten Fouls kommen als Anspielungen daher, die eine von Männern gern akzeptierte Unterstellung zum Ausdruck bringen: Eine attraktive Frau könne nicht gleichzeitig auch noch intelligent sein.

Sehen und aussehen

Für solche wirklich üblen Situationen, aber auch nur für solche, sollten Sie stets den einen oder anderen Wortpfeil griffbereit im Köcher haben. Ziemlich gemein, aber sehr intelligent und stets zuverlässig in der Wirkung ist dieser: „Tja, Frauen sind halt besser schön als klug, denn Männer können besser sehen als denken." Leider ist mir entfallen, wer den erfunden hat; aber es war eine Frau.

Selbst dümmste Blondinen-Witze kann man gut kontern, wenn man einen noch schärferen kennt, bei dem am Ende unerwartet über die Männer gelacht wird. Diesen habe ich der oft zu Unrecht gescholtenen *Bild*-Zeitung zu verdanken.

Eine Blondine wird von einem Polizisten angehalten; sie soll ihren Führerschein zeigen. „Wie sieht der aus?", fragt die Schöne. „Da muss ein Foto von Ihnen drin sein", erklärt der Polizist. Die Blondine kramt in ihrer Handtasche, sieht ihr Bild in ihrem Schminkspiegel und reicht ihn dem Polizisten. Der guckt hinein und sagt: „Oh, Entschuldigung! Wenn ich gewusst hätte, dass Sie auch bei der Polizei sind, hätte ich Sie nicht angehalten."

Männer würden ja nur allzu gern die Polizei bewundern, wenn die dazu nur mehr Anlass gäbe. Schon kleine Jungs können häufig „Polissei" eher sagen als „bitte schön!" Eine Retourkutsche, die an einer Ikone der Männerwelt kratzt, wird darum ihre Wirkung nicht verfehlen.

Spielplätze

Wenn man ein Buch wie dieses schreibt und das
Freundinnen erzählt, bekommt man Stoff ohne
Ende aus Situationen, die diese Frauen selbst erlebt haben und nach denen sie sich stets gefragt
haben: Was hätte ich denn tun sollen?

Eine tüchtige Managerin erzählte mir folgende
Geschichte. Ihre Firma hatte die Führungskräfte
eines bestimmten Geschäftsbereichs aus allen
deutschen Niederlassungen in ihre Zentrale eingeladen. Dort sollten die Fachleute, ein gutes
Dutzend an der Zahl, ihre Visionen von der
künftigen Entwicklung des Geschäftsbereichs
darstellen. Jeder hatte etwa zehn Minuten Zeit.

Die Managerin war wieder einmal die einzige
Frau in einer Runde von Männern, und sie hatte
das Pech, erst als Nummer neun oder zehn vor-
tragen zu dürfen. Die Runde war also nicht mehr
die aufnahmefähigste; dennoch hatten alle bisher
einigermaßen konzentriert zugehört.

Nun kam sie mit ihrer leiseren Stimme an die
Reihe. Und obwohl die Gedanken, die sie vor-
trug, keinesfalls als Wiederholung von bereits
Gesagtem angesehen werden konnten, fingen
zwei der Herren an, sich zu unterhalten.

Der eine hatte wohl einen Palm – jenen kleinen
elektronischen Kalender mit integriertem Adress-
und Aufgabenbuch, bei dem man immer dreimal
so lange braucht wie bei einem papierenen, bevor
man in Graffiti-Schrift einen Termin notiert hat.

Der andere fand Gefallen an dem Spielzeug oder er hatte auch einen – wie auch immer. Jedenfalls fingen die beiden an zu stören, und der Leiter der Veranstaltung, voller Verständnis für spielende Jungs, unternahm nichts, um diese daran zu hindern.

Wie angefasst
„Ich war wie angefasst von so viel Flegelei", berichtete mir die Frau, die sonst bestimmt nicht auf den Mund gefallen ist.

„Und warum hast du nichts gesagt?", wollte ich wissen. Da kam das, was ich von Frauen häufig höre: „Was hätte ich denn sagen sollen?"

Ja, was hätte sie denn sagen sollen? – Zum Beispiel dies: „Ich hol gleich auch meinen Palm raus, verehrte Kollegen; dann spiele ich mit. Aber im Moment sind wir noch bei der Arbeit. Oder habe ich Ihnen vorhin nicht auch zugehört?"

Unverkrampft
Zur Schlagfertigkeit gehört immer auch eine Portion Ironie. Am besten, die Zuhörer lachen; das entkrampft die Situation.

Ganz glücklich dran sind stattliche Frauen, die einen Dialekt beherrschen: „Pass opp, Jung, mit mir nit!" wirkt sicher weniger aggressiv als „Lass es sein, Junge!"

Flegeleien

Die Flegelei von Männern gegenüber einer Kollegin kennt verschiedene Zwecke. Ist die Frau attraktiv, dient das Verhalten als Provokation: Mal sehen, wie weit man gehen kann! Ist sie es nicht, soll es – besonders, wenn andere Flegel applaudieren – Überlegenheit demonstrieren: Seht her, ich bin der böseste Bube!

Zu fein

Vielleicht neigen Frauen auch deshalb so wenig dazu, sich schlagfertig zu verteidigen, weil man für einen Schlag, der einer sein soll, starke Worte braucht, Worte, die man als feine Dame eigentlich nicht im Munde führt, Worte, mit denen man im Privatleben unangenehm auffällt – bei Männern und erst recht bei Frauen.

Männer haben es da leicht. Schon aus ihrer gemeinsamen Sportbegeisterung steht ihnen ein reiches Arsenal an Vokabeln und Wendungen zur Verfügung, mit dem sie immer wortgewaltigen Eindruck machen. Sagt einer: „Der Schuss ging ja wohl nach hinten los, Herr Kollege," dann weiß jeder, dass der Kollege sein Ziel grandios verfehlt hat.

Männer lieben solche Sätze; sie sind stark, sie sind eindeutig, sie sind vernichtend und trotzdem verzeihlich, weil sie ja nur ein Bild aus dem von allen geliebten Sport benutzen.

Wenn Frauen meinen, sie könnten gegen dieses Starkdeutsch bestehen, indem sie höflich „durch die Blume reden", sind sie im Irrtum. Was ist schon ein „etwas unglücklicher Start" gegen einen „Rohrkrepierer"!

Unsitten?
Sie meinen, es könne doch nicht angehen, dass wir uns alle „Unsitten", selbst die sprachlichen, der Männer zu eigen machen?

Darum geht es nicht. Die wenigsten Frauen – wenn sie nicht gerade Jägerinnen sind – werden glaubwürdig sein, wenn sie von „Rohrkrepierern" reden. Die Botschaft ist eine andere: Sprechen Sie eine deutliche Sprache! Wählen Sie Worte aus einer Welt, in der Sie sich zu Hause fühlen; aber lassen Sie es starke Worte sein!

Männer mögen sich in den Vokabeln der Kriegsführung und des Kampfsports heimisch fühlen; die meisten Frauen beherrschen dafür den Wortschatz einer anderen Welt, die vielen Männern fremd ist. Denn Frauen, wenn sie ihren Erfolg nicht im Beruf suchen, sind meist die Chefinnen der von ihnen geführten Haushalte.

Dort versehen sie, wie es der Gesamtverantwortung eines Chefs entspricht, eine Vielzahl von Funktionen parallel: Als Chef-Einkäuferin sorgen sie dafür, das alles Notwendige rechtzeitig beschafft wird; als Public Relations-Managerin organisieren sie das gesellschaftliche Leben des Unternehmens Familie, und wenn sie Kinder haben, gar pubertierende, bedeutet das obendrein eine der schwierigsten Personalentwicklungsaufgaben, die man sich vorstellen kann.

Ich habe nie verstanden, warum die Frauen selbst dies nicht selbstbewusst so sehen und wie das alberne Gerede von der „Nur-Hausfrau" entstehen konnte. Ein wenig mehr weibliche Solidarität – und die Frauen, die sich für das private Management entschieden haben, hätten inzwischen ein angemessenes Gehalt –, und das würde keinesfalls „Hausfrauenlohn" heißen!

Frühjahrsputz
Aus einer solchen solidarischen Haltung heraus würden dann auch die Frauen, die der privaten Haushaltsführung eine Berufskarriere vorgezogen haben, mit großer Selbstverständlichkeit zu den Vokabeln greifen, die aus der privaten Welt der Haushalte stammen.

Welch angenehme Abwechslung wäre es doch, wenn wir statt des allfälligen Kriegs- und Kampfgeschreis auch einmal Sätze wie diese hören könnten: „Wir halten die Verhandlungen am Kochen." – „Ich glaube, das Angebot muss noch mal in den Schleudergang." – „Was würden Sie von einem kleinen Frühjahrsputz in Ihrer Division halten, Herr Weber?"

Ja, wenn wir ein wenig solidarischer dächten, wir Frauen, würden wir das Baby schon schaukeln!

Kapitel 9

Kompliment!

Nützliche Techniken II

ind wir uns wirklich einig, was wir mit „starken Worten" meinen, wenn sie von Frauen ausgesprochen werden? Es ist vielleicht nicht schlecht, einem Irrtum vorzubeugen.

Seifenblasen

Viele Bücher von selbst ernannten Sprachverbesserern, darunter auch mein eigenes („Das Zeug zum Schreiben") haben eine ganz bestimmte, aufgeblasene Sprache gegeißelt, vor deren Verwendung Liebhaber des Deutschen dringend gewarnt werden. Sie reicht vom Bürokratendeutsch mit seinem „Straßenbegleitgrün" und seinen „Wechselverkehrszeichen" (übersetzt: Ampeln) über das Imponiergehabe der Techniker („Signaltongeber") bis hin zu den „Stellungnahmen" (was für ein Wort!) von Politikern, die es fertig bringen, drei Minuten in ein Mikrofon zu sprechen, ohne eine einzige brauchbare Aussage gemacht zu haben.

Zwar gibt es inzwischen auch Frauen, die „bilaterale Gespräche führen", um als deren einziges Ergebnis ein „freundschaftliches Einvernehmen" zu verkaufen; aber lassen Sie uns der Ordnung halber darauf hinweisen: Erfunden wurde die aufgeblasene Angebersprache von Männern! Es gab sie nämlich schon, als Frauen in Politik und sprachverordnender Bürokratie noch ebenso schwach vertreten waren wie heute noch in den Top-Positionen der Wirtschaft.

Die Wirtschaft steht Politik und Verwaltung nicht viel nach. Sie hat ihre eigene angeberische Vernebelungssprache entwickelt, und auch hier waren die Täter Männer.

Die Politik ist inzwischen durchsetzt von Frauen, und – Schande über sie, weil sie sprachbegabter sind als die Männer! – nicht wenige haben das Blähdeutsch übernommen.

Tut es eine nicht, fällt sie sofort angenehm auf – wie die junge, erfrischend freche Ministerin Renate Künast, die anfangs keine Ahnung hatte von Ackerbau und Viehzucht, das aber nicht zu verbrämen suchte, sondern sich schnell einarbeitete und danach die Dinge beim Namen nannte. Die Journalisten, auch die Männer, selbst oft mitgefangen im Verbalbläh ihrer Art, liebten sie dafür. Journalisten sind immer glücklich, wenn sie etwas verstehen.

Die große Befreiung
Noch sind die Frauen in Führungspositionen der Wirtschaft rar. Wie wäre es denn, wenn wir mit ihrem zunehmenden Aufrücken auf die Chefsessel nicht nur der oft beschworenen Chancengleichheit näher kämen, sondern auch einer Republik, deren Manager wieder ganz normales Deutsch sprechen?

Wie wunderbar wäre es doch, wenn die dann von Frauen geführten Konzerne nicht „gut aufgestellt" und für alle möglichen „Herausforderungen gerüstet" wären, wenn sie uns in dem Augenblick, in dem ihre Geschäfte trotz aller

weiblichen Tüchtigkeit „auf hohem Niveau stag-
nierten", das nicht auch noch als „Nullwachs-
tum" zu verkaufen versuchten!

Shareholder value
Männer sind zu enormem Sprachprotz fähig,
wenn keine Frau sie mit ihrem anerzogenen Ge-
fühl für Zurückhaltung daran hindert. Schauen
Sie nur, wie die Indianerhäuptlinge der Globali-
sierung sich allerorten mit fremdsprachigen
Federn schmücken!

Es ist schon fast komisch: Je weniger sie es aus-
sprechen können, desto mehr sind männliche
Manager verliebt in *joint ventures* und *letters of
intent,* in *worst case scenarios* und *business as usual.*
Statt schlicht an die Börse zu gehen, wollten sie
vor der großen Ernüchterung auf einmal alle mit
IPOs glänzen, und *shareholder value* avancierte
flugs zu ihrer Lieblingsvokabel. Als dann die
Kurse in den Keller gingen, wollten manche
davon nicht mehr so gern etwas wissen.

Noch nicht einmal, wenn sie eine deutsche Firma
mit Sitz in Bayern führen, scheuen sich Männer,
ihrem Unternehmen zum Beweis ihres weltwei-
ten Führungsanspruchs einen englischen Slogan
zu verpassen. *The power of innovation* ist dazu
verdammt, auch dann noch zu überzeugen, wenn
die Aktie der Erneuerer gerade in den Keller
gerutscht ist.

Tatsachen

Selten geschieht es, doch dann ist es sehr lustig, dass die Verkünder der Beschwörungsformeln auf den Boden der Tatsachen geholt werden. Als eine bedeutende Unternehmensberatung mit der missionarischen Losung *Together we can change the world* durch den Bau eines großen Bürogebäudes die Umgebung ihres neuen Domizils arg belästigt hatte, schrieb eine Dame aus der Nachbarschaft den dort residierenden Herren sinngemäß: Man könne doch angeblich zusammen die Welt verbessern; wieso sie denn nicht direkt mal damit anfingen und sich für den vielen Lärm und Dreck entschuldigten.

Wie unschuldig Männer aus weltumspannenden Organisationen sein können, wenn sie sich ihre Losungen ausdenken, zeigt die liebenswürdige Reaktion: Es folgte prompt die Einladung zu einem Nachbarschaftsfest.

Seifenblasen

„Offenbar sind Frauen auf sprachliches Imponiergehabe nicht so stark angewiesen wie Männer", zitiert die *Welt* den Vorsitzenden des Vereins zur Wahrung der deutschen Sprache. Der Verein vergibt alljährlich den Titel „Sprachpanscher des Jahres". Auffällig werden fast immer Männer.

Die Herren schrecken aber auch vor wenig zurück. „Das Ticket kann beim Check-in durch den Stand-by-upgrade-Voucher aufgewertet werden" – der Lufthansa-Chef mag das gesagt haben; eine Chefin hätte es kaum getan.

Alltag

Eine der nettesten Aktionen der erwähnten
Gesellschaft von Sprachbewahrern geht so: Sie
schicken Testkäufer zu Douglas (das ist die Par-
fümerie-Kette, die sich selbst Duhglass spricht,
obwohl ihr Slogan *Come in and find out* an
Englisch erinnert). Die Käufer haben nur eine
Aufgabe: die Verkäuferinnen an der Kasse auf
Englisch anzusprechen und deren Reaktion fest-
zustellen. Wie man hört, ist es meist blankes
Entsetzen!

Die Geschichte hat nicht nur wegen ihres unter-
haltenden Charakters an dieser Stelle ihren Platz,
sondern weil sie als Vorbild dienen kann für eine
Technik, mit der Frauen gegenüber Männern im
Rededuell punkten können: den Bläh wörtlich
nehmen! Je nach Situation um Übersetzungen
bitten, selbst übersetzen, anwenden und die
Realität daran messen!

Der Technik der Männer, rhetorische Fragen der
Frauen wörtlich zu nehmen, haben die Frauen
damit etwas nicht weniger Wirkungsvolles ent-
gegenzusetzen.

Frische, bitte!

Starke Worte – damit ist also nicht die männliche Imponiersprache gemeint, und schon gar
nicht die Angeberei auf Englisch. Starke Worte
von Frauen: Das ist eine einfache, unprätentiöse
Sprache, die jeder und jede versteht und die sich
nur solcher Bilder bedient, die der Sprecherin
„abgekauft" werden.

Und doch nützt der Sprecherin selbst die ange-
nehmste, frischeste Sprache nichts, wenn sie sie
nicht benutzt, um damit auf Menschen zuzugehen. Männer können sich kaum jemals vorstellen, welche Überwindung es Frauen kosten
kann, das zu tun.

Die Einladung
Jede Frau in einer halbwegs interessanten Position kennt diese Situation: Sie ist eingeladen –
zu einem Festakt, einem offiziellen Essen oder
dergleichen. Sie hat entweder keinen Partner
oder keinen, der für den Termin verfügbar wäre.
Vielleicht hat ihr Partner auch schlicht keine
Lust, schon wieder ihren Begleiter zu geben.

Einen anderen Mann mitzubringen, einen Kollegen etwa – das kann sie sich nicht leisten. Was
sollen die Leute sagen? Also geht sie allein hin
und landet entweder in einer fast reinen Männer-
gesellschaft oder in einer, in der die Menschen
nur paarweise vorkommen: Manager und ihre
vom Friseur kommenden Frauen.

Wenn sie Glück hat, trifft sie auf Leute, die sie
kennen. Dann hat sie wenig Stress. Wenn aber
nicht, hat sie nur zwei Möglichkeiten: Sofern sie
nicht außergewöhnlich attraktiv ist und darum
sofort von den nicht beweibten Männern um-
ringt wird, kann sie sich entscheiden zwischen
Mauerblümchen und Kumpel.

Ran!

Die Frau wird, will sie sich nicht zu Tode lang-
weilen, den Kumpel wählen. Das bedeutet aber
zumindest die Überwindung, entgegen allem
Gelernten auf die Männer zuzugehen, sich vorzu-
stellen und zu fragen, ob man an dem Gespräch,
das da im Gange ist, teilhaben darf.

Keine Sorge: Sie wird dürfen. Aber bis dahin
kostet es manche Frau schon mehr Initiative, als
sie über sich bringen kann.

Hat sie es nun bis hierher geschafft, kann sie
immer noch arg zurückgeworfen werden – weniger durch die Männer, die bei korrekter kum-
pelhafter Ansprache auch ein „Mädchen" einen
mittrinken lassen, als vielmehr durch eventuell
anwesende Ehefrauen, die womöglich ihre Besitz-
stände bedroht sehen.

Mein Mann

Es gibt nämlich Ehefrauen, die ihre Männer als
eine Art Trophäe betrachten, die sie gegen ver-
meintliche Konkurrentinnen verteidigen müssen.
Denen möchte die berufstätige Frau am liebsten
immer sagen: „Regt euch ab, Ladys, es gibt Inter-
essanteres!" Aber das gehört sich natürlich nicht,
nicht unter Damen.

Höflichkeiten

Die arme Frau, die da solo zu einer offiziellen
Geschichte erschienen ist, wird es in einer solchen Situation häufig mit ein paar Höflichkeiten
in Richtung Ehefrauen versuchen: Wie toll der
einen doch das Grün steht und was die andere
doch für einen zauberhaften Granatschmuck
trägt – von der Großmutter?

Sie sollte es besser wissen. Frauen sind schlau: Sie
erkennen die Taktik anderer Frauen und glauben
kein Wort. Und dann hat unsere Gute völlig
umsonst ihre Energie auf Personen verschwendet,
mit denen sie eh keine Geschäfte machen kann.
Der Geschäfte wegen ist sie aber gekommen.

Die Zielgruppe

Also ganz einfach: die Komplimente lieber auf
die Männer verschwenden. Der eine hat eine
beeindruckende Rede gehalten, der andere ist
letztens durch ein wahnsinnig interessantes Inter-
view aufgefallen, und der Dritte hat immerhin
noch eine sehr witzige Krawatte.

Komplimente von Frauen an Männer? – Das ist
ein ganz heikles Thema. Zu leicht schwingt da
der Verdacht der Anmache mit. Das täuscht über
den Funktionsmechanismus des Komplimentes
hinweg: Das Kompliment erlaubt sich nur der
oder die Überlegene.

Mit zunehmendem Berufserfolg und wachsendem Einfluss stellen Frauen, denen in jüngeren Jahren viele Komplimente gemacht wurden, oft fest, dass die Leute, Männer wie Frauen, das immer weniger tun.

Manche beunruhigt das. Sie denken dann, sie würden alt und sähen vielleicht nicht mehr so gut aus. Doch der Grund ist woanders zu suchen: Die Leute trauen sich nicht mehr.

Ein kleiner Tipp deshalb für die Männer, die die Absicht haben sollten, eine starke Frau zu erobern: Machen Sie ihr intelligente Komplimente! Sie wird immer denken, dass der Mensch, der sich traut, das zu tun, womöglich noch stärker ist als sie selbst, und das macht sie neugierig.

Wo sind die anderen?
Zurück zu unserer Einladung. Vieles wäre einfacher, wenn die Frau, die sich da tummelt, weil sie – nicht anders als die Männer – auf berufliche Kontakte angewiesen ist, gelegentlich auf andere Frauen gleichen Kalibers stieße.

Das ist immer noch selten und wäre doch so hilfreich. Es wird daher Zeit, dass wir zu dem lange angekündigten Kapitel über weibliche Solidarität kommen.

Kapitel 10

Frauen unter sich

Willkommen im Club!

Haben Sie einmal beobachtet, wie Männerkarrieren in der Regel zu Stande kommen? Da hängt sich ein jüngerer Mann an einen älteren, erfahrenen an, und immer wenn der Ältere aufsteigt, macht der Jüngere auch einen Sprung nach oben. Bei Frauen funktioniert das aus drei Gründen (noch) kaum.

Mangel 1: Masse
Bei etwa fünf Prozent Frauen, die bisher in der Wirtschaft in einer wirklichen Führungsposition angekommen sind, scheitert die geschilderte Art des Aufstiegs in den meisten Fällen schon an der mangelnden Verfügbarkeit einer Frau, die einflussreich genug wäre, eine junge Mitarbeiterin im beschriebenen Sinne zu fördern.

Mangel 2: Missgunst
Aber selbst, wo es eine Frau geschafft hat, in die oberen Etagen aufzusteigen, wird sie nicht immer und unbedingt dazu neigen, andere Frauen zu fördern.

Zu verlockend ist es, als einzige Frau in einem Zirkel von Männern eine Sonderstellung einzunehmen, zu schön, wenn betriebsöffentliche Reden, weil es nicht anders geht, so beginnen: „Frau Meyer-Schwingenstein, meine Herren, verehrte Gäste". Die einzelne Frau in einer Umgebung von Männern bekommt eine Aufmerksamkeit, die ihr nirgendwo sonst zuteil wird, und wenn sie sich äußert und es charmant tut, genießt sie selbst bei größter Impertinenz der Aussage nahezu Narrenfreiheit.

Mangel 3: Unterstellungen

Dass ein männlicher Manager sich als „Nach-Folger" eine Frau sucht, ist selten. Dem Mechanismus, der das in aller Regel verhindert, hat ein kluger Mensch einmal den Namen „Einer-wie-ich-Syndrom" gegeben, und „einer wie ich" – das ist ein Mann.

Dennoch ist es nicht ganz ausgeschlossen, dass ein hoch gestellter Mann das Talent einer Mitarbeiterin erkennt, dass er außerdem zu jenem raren aufgeklärten Typus zählt, der Frauen sogar fördern *möchte* und daher beginnt, eine Mentor/Mentee-Beziehung zu ihr aufzubauen.

Die beiden müssen dann leider höllisch aufpassen, dass ihnen nicht ein mehr als berufsorientiertes Verhältnis unterstellt wird und dass nicht tatsächlich – vielleicht sogar provoziert durch das Gerede im Hause – mehr daraus wird. Denn natürlich gilt für jede Beziehung zwischen Mentoren und Zöglingen, gleich welchen Geschlechts: Ohne Sympathie, ohne stimmende „Chemie", kann ein solches Verhältnis nicht funktionieren.

Natürlich spricht außer eventuell bereits bestehenden Partnerschaften nichts dagegen, dass der Mentor und sein weiblicher Zögling sich verlieben; die meisten Leute lernen sich schließlich am Arbeitsplatz kennen. Aber mit der Karriere der Frau ist es dann aller Voraussicht nach aus, jedenfalls in *dieser* Firma. Der für das Unternehmen weniger wichtige Partner geht; das wird kaum jemals anders sein.

Versuche

Wegen der Tücken des Falles 3 wäre es wünschenswert, wenn sich junge Frauen in größerer Zahl an ältere, erfahrene anhängen könnten.

Für selbstständige Frauen versucht der Verband der Unternehmerinnen solche Mentorin/Mentee-Beziehungen auf die Beine zu stellen, und in manchen Großunternehmen laufen Programme, die nachwachsende Frauen durch Zuordnung zu persönlichen Mentoren fördern sollen. Und in der Tat: Wo ein solches Prinzip zum firmenoffiziellen Programm erhoben wurde, verstummt auch das Gerede, das sich stets ergibt, wo eine Mentor-Mentee-Beziehung der Initiative eines Einzelnen entspringt.

Solidarität

Es mag jedoch noch so viele löbliche Initiativen in Wirtschaft und Verbänden geben; das ändert nichts an der Erkenntnis: Auch auf absehbare Zeit werden Frauen im Berufsleben keine nennenswerte Chance haben, wenn sie nicht neben allen kommunikativen Lektionen, die sie lernen können, zu einer selbstverständlichen Solidarität mit ihren Geschlechtsgenossinnen finden.

Im Beruf geht es nämlich weder darum, die von allen Frauen am meisten beneidete zu sein noch die von allen Männern begehrteste, sondern darum, in einer Gemeinschaft von Männern und Frauen das zu erreichen, was für alle Beteiligten das Beste ist: möglichst viel Profit.

Wenn Sie als Frau – auch wegen der immer noch mangelnden Solidarität unter den Frauen selbst – nicht an die Machthebel kommen, haben Sie keine Chance, diesen Vorgang so mitzugestalten, wie Sie ihn vermutlich wünschen: menschlich, fair, gerecht – mit Menschen, die sich wohl fühlen, weil sie keine Angst haben, und die deshalb gern zur Arbeit kommen.

Kontakte pflegen!

Es empfiehlt sich daher, in den Unternehmen und auch außerhalb den Kontakt zu anderen Frauen zu suchen, die ähnlich denken. Lassen Sie sich von keinem Mann ihren „Weiberclub" mies machen! Erinnern Sie ihn lieber daran, dass Männer schon während des Studiums in Verbindungen Bier trinken, während Frauen brav studieren.

Eine ganzes Berufsleben lang profitieren Männer von den „Connections", die sie bereits in jungen Jahren aufbauen. Es kann passieren, dass ein Bundesbruder den anderen zwanzig Jahre nach dem Examen anruft und sagt: „Mensch, Junge, hier bist du also gelandet! Du kannst mir mal helfen!"

Old girls

Wann endlich schaffen Studentinnen die Voraussetzungen für Old-girls-networks? Außer in den Alumni-Clubs einiger Privatuniversitäten, die freundlicherweise die Damen nicht ausschließen, sind solche Initiativen bisher nicht bekannt geworden.

Freundinnen
Netzwerke bereits im Beruf stehender Frauen
dagegen sind in den letzten Jahren wie Spargel
im Mai ans Tageslicht gekommen. Die Erkenntnis, dass sich nur gemeinsam etwas gegen die
Übermacht der Männer in der Wirtschaft bewegen lässt, scheint mehr und mehr Freundinnen
zu finden.

Bitte nicht verbissen!
Allerdings lauert auch hier wieder eine Gefahr,
die mit dem Perfektionismus der Frauen zu tun
hat: dass nämlich ein Club, der euphorisch be-
gann, weil es um ein als richtig erkanntes Ziel
ging, in dem Maße ermüdet, wie einige Damen
die Clubregeln verfeinern.

Wenn es einmal so weit ist, dass die Zeit, in der
gemeinsame Aktionen geplant werden könnten,
vom satzungsgemäßen Procedere aufgefressen
wird, werden sich gerade die engagiertesten
Frauen wieder abwenden und ihr Glück allein
suchen.

Einladung
Ich selbst habe einen fröhlichen Club gegrün-
det, der hoffentlich noch lange lebt: den so genannten www.Schoppen. Er hat ein Logo mit
zwei Hühnern, aber keine Regeln – außer dass
Frauen in interessanten Positionen locker reih-
um zum Gedankenaustausch einladen. Wer
einlädt, bestimmt, wer zu diesem Termin noch
dazu gebeten wird. Mehr nicht. Bitte sehr:
Machen Sie es gern nach!

Zum Schluss noch zwei Aha-Erlebnisse

Duelle

Dieses Buch habe ich im Sommer 2001 auf meiner geliebten Insel Föhr geschrieben. Aber auch auf einer Insel werden die Menschen heutzutage von „Medienereignissen" erreicht. Zwei davon stellten sich als so interessant für das Thema dieses Buches heraus, dass ich sie als kleinen Rausschmeißer erzählen möchte.

Der Damenfußball
Medienereignis Nummer 1 begegnete mir in Form der Damenfußball-EM. Erstaunlich, wie auf einmal biedere Regionalzeitungen mit Fotos von kickenden Damen aufmachten!

Richtig erhellend aber war, was die Autoren Eduard Hoffmann und Jürgen Nendza in einem ganzseitigen Beitrag im Sportteil der *FAZ* über die Geschichte des Frauenfußballs zu berichten wussten. Schade, dass Frauen so selten die Sportteile der Zeitungen lesen; in dem Beitrag mit dem Titel „Der lange Weg zur Gleichheit vor dem Ball" hätten sie eine komplette Parallele zu dem gefunden, was ihnen bei der Gleichheit in der Wirtschaft schon widerfahren ist und – was ihnen noch bevorsteht!

Interessant ist bereits, in welchem Zusammenhang der Frauenfußball erstmals populär wurde: während des Ersten Weltkriegs und danach nämlich, als Frauen vielfach Männerarbeiten verrichteten, weil ihre Männer an der Front waren und Frauen damals „ein neues Solidaritätsgefühl" entwickelten.

Frauen als Reserve-Armee der Wirtschaft – das ist nicht neu: Auch nach dem Zweiten Weltkrieg durften sie wieder zurück in die Küchen, als die Männer zurückkehrten. Spannender ist der andere Gedanke: der einer wachsenden Solidarität unter Frauen, sobald sie aus ihrer Einzelkämpferinnen-Rolle befreit werden.

Die „Würde des Weibes"

Eine starke Parallele zur Wirtschaft auch in der Reaktion der Männer auf die Pionierinnen: Die Fußballerinnen wurden als „Mannweiber" gesehen; der „Kampfsport" Fußball galt der Frau als „wesensfremd". Bei den Nazis, so berichten die Autoren, wurde der Frauenfußball ganz verboten, und der DFB wird zitiert mit der Erklärung, dieser Sport sei „unvereinbar mit der Würde des Weibes".

Das Wirtschaftswunder der Nachkriegszeit scheint bei der Überwindung dieses Frauenbildes nicht hilfreich gewesen zu sein: Noch 1955 verbot der DFB den Autoren zufolge seinen Mitgliedsvereinen, Frauenfußball-Abteilungen zu gründen – ein Verbot, das erst 15 Jahre später aus der Erkenntnis heraus aufgehoben wurde: Wenn die es nicht bei uns machen, dann machen sie es ohne uns; und da hätten die Herren vom DFB dann keinerlei Einfluss mehr auf den Frauenfußball gehabt.

Zwischen dieser Einsicht und der Damenfußball-EM im Jahre 2001, wo die siegreichen Damen auf einmal „Aushängeschild des DFB" sind, liegen mehr als drei Jahrzehnte. Kurz vor der Jahrtausendwende, nach 120 Jahren Frauenfußball, sollen immerhin speziell für Frauen geschnittene Trikots auf den Markt gekommen sein. So hatten die Herren sich den Trikottausch eigentlich nicht vorgestellt!

Die schönste Parallele zur Wirtschaft aber kommt noch: Der Internationale Fußballverband wird in dem wunderbaren, für jede Zeile lesenswerten Artikel zitiert mit der Prognose: „Die Zukunft des Fußballs ist weiblich." Ersetzen Sie „Fußball" durch „Wirtschaft", und Sie haben eine Kernaussage nicht weniger Trendforscher für das soeben angebrochene Jahrhundert!

Sonderbarerweise warten wir in Deutschland gern auf Faith Popcorn in den USA, um festzustellen, dass auch bei uns die Frauen das Gros der Konsumausgaben bestimmen und sogar die Entscheidung über des Mannes Allerheiligstes, das Auto, gravierend beeinflussen, und deshalb diejenigen Firmen im Wettbewerb die Nase vorn haben werden, die sich am besten auf die Wünsche der Frauen einstellen.

Ein einfacher Weg, das zu gewährleisten, wäre die stärkere Verpflichtung von Frauen in den Führungsetagen der Wirtschaft.

Wilde Pferde

Ich erinnere mich noch an einen großen Flop der Waschmittelgeschichte mit Namen „Mustang". Die aufwändige Werbung lief ganz mit Wildpferden, und angeblich hatte die Marktforschung auch hohe Akzeptanz für eine solche Strategie vorausgesagt.

Und doch steht zu vermuten: Keine Frau, die in der Verantwortung gewesen wäre, auch keine Pferdenärrin, hätte gemeint, Pferde seien geeignet, Verbraucherinnen an saubere, duftende Wäsche denken zu lassen.

In Deutschland gibt es viele Firmen, die mit ihren Kernprodukten auf die Akzeptanz der Frauen angewiesen sind und es sich trotzdem leisten, in Vorständen und Geschäftsführungen auf deren Intuition zu verzichten.

Ceterum censeo

Das, was Frauen neben ihrer Kommunikation immer noch sehr stark daran hindert, trotz der Widerstände in die genannten Etagen vorzudringen, ist nach meiner Überzeugung neben ihrer Art zu kommunizieren ihre zu gering ausgeprägte Solidarität.

Darum schließe ich dieses Buch mit meiner Erzählung des zweiten erwähnten „Medienereignisses". Das war das Fernsehduell zwischen Alice Schwarzer und Verona Feldbusch im Juni 2001, das immerhin 3,6 Millionen Menschen gesehen haben sollen.

Brain gegen Body?

„Die Schöne und das Biest" hieß der Aufmacher
in meiner Insel-Zeitung. Darüber, etwas kleiner:
„Sexsymbol trifft Feministin". Gemeint war das
erstmalige Zusammentreffen der beiden genannten Damen, die zwar schon viel übereinander,
aber noch nie miteinander geredet hatten. Letzteres sollten sie nun vor laufender Kamera in einer
Fernsehshow tun.

Panem et circenses! Die Damen waren einander
zum Fraß vorgeworfen, und sie zögerten keine
Sekunde zu beißen. Der männliche Moderator,
Johannes B. Kerner, Typ netter Junge von neben-
an, der seinen zweiten Vornamen Baptist nicht
zu verstecken bräuchte, konnte die vorbereiteten
Fragezettel stecken lassen: Die Damen zerfetzten
sich auch ohne Hilfe.

Schwarzer warf Feldbusch vor, sie mache sich
zum „Weibchen", zur für Männer „verfügbaren
Frau", indem sie ihre körperlichen Vorzüge in-
strumentalisiere; Feldbusch verwahrte sich dagegen, dass Schwarzer sich herausnehme, für die
Gesamtheit der Frauen zu sprechen. Tenor: Ich
mache, was ich will, und Sie tragen ja schließlich
auch Lippenstift! – So etwa das Niveau der Auseinandersetzung.

Die Sendung, die ein ungewöhnlich großes Echo
in den Printmedien fand, machte drei Dinge
überdeutlich.

Erstens

Klugheit hindert Frauen nicht, öffentlich ein solches Schauspiel zu geben. Denn dass auch die „Werbe-Ikone" blitzgescheit und redegewandt ist – daran konnte nach der Sendung kein Zweifel mehr bestehen.

Zweitens

Jugend und Schönheit sind in einer Mediengesellschaft immer im Vorteil. Und alt wird man schnell.

Drittens

Ein öffentliches Ereignis, das der Sache der Frauen hätte dienen können, wenn die beiden Damen wider Erwarten fair miteinander umgegangen wären, hat letztlich wieder die Männer bestätigt. Für die haben „keifende Weiber" nämlich doppelten Charme: Es ist ein riesiger Spaß zuzusehen, und außerdem halten die Damen sich gegenseitig klein.

„Scheiß drauf!"

Dass diese Sichtweise nicht ganz falsch ist, erfuhren die Leser der *Bild*-Zeitung am Morgen nach der Sendung von Franz Josef Wagner. Der hat es noch immer verstanden, ungeniert festzuhalten, was in Männerseelen vorgeht. Sein Kommentar zur Sendung schloss mit den Worten: „Scheiß drauf, in vier Wochen beginnt die Bundesliga." Den Frauenfußball wird Herr Wagner kaum gemeint haben.

So what?

Es ist kein Wunder, dass ein Buch, das vor allem
von der Kommunikation der Frauen handelt,
immer wieder auf die Solidarität zurückkommt.

All unsere gute Ausbildung, all unsere Sprach-
begabung, all unsere praktischen Manager-Fähig-
keiten, meinetwegen auch all unsere Schönheit,
nützen uns Frauen nämlich nichts, wenn wir
nicht endlich lernen, solidarischer zu sein. Da
können wir – Verzeihung! – durchaus noch eini-
ges von den Männern lernen.

Die Botschaft fällt in eine Zeit, in der Solidarität
nicht hoch im Kurs steht, eine Zeit, in der den
Kirchen die Gläubigen weglaufen und Parteien,
Gewerkschaften und Berufsverbänden die Mit-
glieder. Unser Weg in die Ich-Gesellschaft gewinnt offenkundig an Fahrt.

Und doch ist eine Gruppe von Menschen mehr
als andere darauf angewiesen, Solidarität zu entwickeln: die Frauen, und vor allem: die Frauen
in der Wirtschaft. Das ist die wichtigste Lektion
im Zickenlatein.

Rüm hart – klaar kiming!*

Dieses Buch verdankt seine Entstehung einem Insel-Urlaub, der mit der Sonne geizte, und dem Umstand, dass die Autorin, Texterin und Chefin einer Werbe- und PR-Agentur, ihren Laptop dabei hatte. Und dann war da noch dieses Wort „Zickenlatein", über das alle lachten, wenn sie auf eines ihrer kleinen Hobby-Themen kam: die Sprache so genannter Erfolgsfrauen.

Es gibt ja diese magnetischen Wörter, die einen immer wieder zur Beschäftigung mit einem Thema ziehen, das sie in Umrissen bereits erkennen lassen. Kaum hatte die Agentur-Frau, dem F.A.Z.-Institut verbunden als Autorin des Buches „Das Zeug zum Schreiben", das Wort „Zickenlatein" in einem Gespräch mit der Verlagsleiterin als möglichen Titel erwähnt, da hatte die sogleich die Vision von einem kleinen, fröhlichen Geschenkband, an dem viele Frauen viel Spaß haben könnten.

Da nun eine Agentur-Frau, auch wenn sie vom Text kommt, immer auch in Bildern denkt, sah die sofort schwarzrot: schwarzes Leinen mit rotem Vorsatzpapier nämlich, und wusste, welcher Grafiker aus ihrem Team die Zeichnungen dazu liefern müsste. Und so kam es, dass der Buchmarkt jetzt um ein Werk reicher ist, das – sollte es die Frauen in Deutschland nicht weiter bringen – weiblichen wie männlichen Lesern zumindest Spaß macht. Das jedenfalls hoffen Dr. Dagmar Gaßdorf (Autorin), Herbert Schaar (Designer) und Dr. phil. Christina Eibl (F.A.Z.-Institut).

*Friesen-Motto von der Insel Föhr: Weites Herz – klarer Horizont!

Die deutsche Bibliothek – CIP-Einheitsaufnahme

Dagmar Gaßdorf
Zickenlatein

Den Erfolg herbeireden.
Das Weiberbuch, das Männer
heimlich kaufen.

F.A.Z.-Institut für Management-,
Markt- und Medieninformationen,
Frankfurt am Main, 2. Aufl., 2003

ISBN 3-934191-65-7

𝔉𝔯𝔞𝔫𝔨𝔣𝔲𝔯𝔱𝔢𝔯 𝔄𝔩𝔩𝔤𝔢𝔪𝔢𝔦𝔫𝔢 Buch
IM F.A.Z.-INSTITUT

Copyright F.A.Z.-Institut für Management-,
Markt- und Medieninformationen GmbH
Mainzer Landstraße 195
60326 Frankfurt am Main

Illustrationen commedia Essen
Buchgestaltung und
DTP-Layout commedia Essen

Druck JetPrint Druck- und Vertriebs-GmbH,
Dreieich

Alle Rechte, auch die des auszugsweisen
Nachdrucks, vorbehalten.

Printed in Germany